JN236676

世界の市場

松岡絵里 著
吉田友和 写真

はじめに

そぞろ歩きしているだけでワクワクする場所、それが私にとっての市場だ。うずたかく積まれた物の中からちょっぴり変わったお土産を探すのもよし、その地ならではの珍しい食材を見付けるのもよし。そして何より、ヒゲの店主や太ったおばちゃん買い物客を通して、その地の日常の暮らしが垣間見えた瞬間、私はひとりほくそ笑む。

私の市場デビューは6歳だ。当時父親の仕事の都合で台湾に住んでいたのだが、家から徒歩5分のところに、いかにもローカルな市場があった。初めて足を踏み入れたとき、それこそ私が人生で初めて「カルチャーショック」を感じた瞬間だ。そこにはゲージにぎゅうぎゅう詰めにされた生きた鶏がいて、その横で出刃包丁をとぐ精肉店があった。そのあまりの生々しさに、子どもだった私は何も言えずに怖れおののいたのを鮮明に覚えている。けれど何度か通っているうちに、その怖れはいつしか薄れ、むしろその生々しさを心地よいものに感じるようになっていった。

そう、市場には「生」がある。旅先で偉大な過去の遺産を見学するのも悪くないけれど、いまこの瞬間、この土地ならではのライブ感を味わいたいなら、すぐさま市場に向かうべきだ。活気ある売り子さんの声が、漂うエキゾチックな香りが、旅人を一瞬にしてローカルの人たちの日常へ、生命力あふれるステージへと引きずり込んでくれる。不況だとかなんだとか、毎日不穏なニュースには事欠かないけれど、いざ市場を訪れれば、こんなにもワクワクする「生」にあふれている。

そんな市場の魅力もあって、20代の頃の私は、海外に出たくて出たくてウズウズしていた。結婚を機にダンナとふたり揃って寿退社し、「新婚旅行は世界一周！」と日本を飛び出したのは26歳のとき。1年8ヶ月にわたる長旅で、世界45ヶ国を旅して歩いた。もちろん旅先では地図を広げ、市場を探す日々。

帰国後もそのスタイルは変わらず、相変わらずあっちに行きたい、こっちにも行きたいと旅ばかり続けていた。もちろん街を歩いていて市場を見付けると、ついついフラフラと入ってしまうのも相変わらず。そんな市場フリークの私が10年近くかけて旅して貯めた、古今東西の市場スクラップがここに並んでいる。「あ、ここの市場、私も好き！」「ここ、行ってみたい！」なんて眺めていただければこれ幸いだ。

２０１０年3月　松岡絵里

▼中国・新疆ウイグル自治区 —— 110
中国の中の異文化市場
ここから中央アジアが始まる

▼グアテマラ／チチカステナンゴほか —— 114
民族衣装着用率ナンバー1
定期市ファッション対決!?

世界エスニック市場リスト —— 116
▼アメリカ／オハイオ ▼マリ／ジェンネ
▼チベット／ラサ ▼ベトナム／サパ
▼エチオピア／ジンカ

市場で出会った人たち —— 118
市場豆知識❹ 世界の「市場」の呼び方

世界の泥棒市 —— 120

第二章 歩いて巡った、市場旅行記

▼モロッコ／マラケシュ —— 122
雑貨王国か、がめつい国か
モロッコにまつわる賛否両論

▼ウズベキスタン／ウルグット —— 128
知られざる国、ウズベキスタンへ
知られざる布、スザニを買いに

▼ジンバブエ／ハラレ —— 132
世界最悪の国で出会った
オクラとゾウの物語

第三章 市場の楽しみ方、歩き方を検証する

市場好き！ 著名人インタビュー
▼鶴田真由さん〈女優〉 —— 140
▼妹尾河童さん〈舞台美術家・エッセイスト〉 —— 143
▼高野秀行さん〈辺境冒険作家〉 —— 147

市場歩きのコツ9ヶ条 —— 150

あとがき —— 158

市場データの見方 住＝住所／営＝営業時間／休＝休業日／交＝市場への行き方／広＝市場の広さ／**見どころ**＝市場の見どころ
※市場のデータ（営業時間等）は取材時のものです。市場は生モノ、変更等々あるかもしれません。また本書に記載している価格レートは取材時のものです。これまた変更があるかもしれません。ご了承ください。

市場の種類について

一番始めに、本書で紹介している市場の種類をざっくりとご紹介。
そもそも「市場って何？」に立ち返ってみると、大辞林いわく
「①毎日または一定の日に商人が集まって商品を売買する所。
生産物をもち寄って交換・売買する所。いち」
「②小さな店が集まって食料品・日用品などを常設的に売る所。
マーケット」とのこと。そんなことを念頭に入れ、
さまざまなスタイルの世界の市場を楽しもう。

A 常設市場

上記の②に当たり、いわゆる「市場」と聞いて思い出すところ。生鮮品、食料品、衣料品、日用雑貨などが中心。「ここが市場です」という建物があるタイプの市場と、小売店がズラッと並ぶ「商店街」タイプなど、さらに細分化できる。

B 定期市

上記①に該当する、「市が立つ」というスタイル。毎週何曜日、毎月5のつく日などと開催日時が決まっている。先進諸国ではたいてい週末で、フリーマーケットもこの区分。南米、アジアなど少数民族が多く暮らす地では一種の社交場。

C 朝市／夜市

上記Bの一環だが、朝のみ、夜のみ開催される市場。世界的に見て、朝市は地元向けの生鮮品中心の市場が多く、夜市は観光客向けのお土産物市場が多い。朝市の多くが日の出から、また夜市の多くが17時ごろから開催される。

D 専門市場

花市、魚市場、骨董市など、特定の種類の商品を扱う市場（P58〜参照）。世界専門店市場リスト（P64）で紹介しているように、世界には驚きの専門店市場も。問屋街のようなところもあれば、定期市のスタイルをとることもある。

E 民芸品市場

「専門市場」のひとつ、観光客向けのお土産物中心の市場。他に比べて地元のお客さんは少ない。ただしお店のおばちゃんがその場でせっせと編み物していたり、作り手＝売り手のことも多く、よく観察すると生活感も感じられる。

F 卸売り市場

本書は旅人の目線で書いたため、一般人が入れない卸売り専門の市場はのぞいた。ただしオランダのアールスメア生花中央市場（P64参照）など、一般人が見学可能、かつ見る価値のある市場も多い。見学はプロのお邪魔にならないように。

1　第一章

世界の市場をジャンルごとにご紹介

おいしい！に出会える市場

「メヒコ」が味わえる屋台メシ食い倒れ市場

市場内のバーベキュー屋台メシ。炭火焼きの香ばしさとサルサソースが見事にマッチ

市場内のフードコートを上から激写。みんな、しっかり食べてます！

【メキシコ／グアダラハラ】リベルタ市場

私とダンナはメキシコのことを「メヒコ」と呼んでいる。実際、現地に行くと英語の「メキシコ」よりもスペイン語の「メヒコ」のほうが圧倒的によく耳にする。何より、「メキシコ」という言葉が持つスリリングなイメージよりも、「メヒコ」というちょっぴり間が抜けた愛嬌のある国名のほうが、実際のこの国に似合っているように思う。

メキシコに行く前は、正直ちょっと怖かった。アメリカ映画でメキシコはワイルドで治安も悪く描かれることが少なくない。けれど実際メキシコに足を踏み入れてみると、その印象はガラリと変わった。数々の遺跡と多様な文化を抱く観光大国で、人々はエネルギッシュで陽気。そして食べ物もおいしいうえに、民芸品もかわいい。だからメキシコの市場は、圧倒的に楽しい。

メキシコは大都会でも小さな村でも街の造りは似ていて、中心地には教会を抱いた広場がある。そして必ず「メルカド」と呼ばれる市場エリアがあり、たいていはそこに屋台街やレストランも併設されている。

中でも印象的なのが、このグアダラハラの市場だ。「西部の真珠」と呼ばれる美しい古都にありながら、リベルタ市場（自由市場、という

左上／市場の入り口にはカットフルーツも。ただしハエもいます　右上／先住民の派手な刺繍入りブラウス。民芸品コーナーにて　下／市場の花形、果物屋さん。メキシコといえば、やっぱりマンゴーがおいしい

お肉、野菜などを焼く煙で市場内はモウモウ。その潔さが良い

メキシコ第2の巨大都市。街の造りも建物も威風堂々美しく、メキシコの新たな一面に気づく

「お待ちどお!」デリバリー中のフレッシュジュース屋さん

意味。メキシコなど中南米にありがちな市場の名前）の外観は案外ボロっちい。ただし建物自体はしっかりとした3階建の造りで、山積みになったフルーツや雑貨や靴を越えて奥へ進んでいくと、突然吹き抜けが現れ、その中央部分がフードコートのようになっている。立ち込めるのは、炭火の煙と、ジュウジュウ焼ける肉の音。それを目の当たりにしてしまった私とダンナは、「ランチ、やっぱりここにする？」と、どちらからともなく言いだした。実は別の有名なレストランを予約していたのだが、俄然、市場の屋台メシのほうに心を動かされてしまったのだ。

ムーチョ・グストな市場メシ

その選択は正解だった。炭火で焼かれた牛肉は、アツアツの湯気をたてている。それをメキシコ名物トルティーヤに巻き、同じく炭火で焼きたてのトマトと玉ねぎ、コリアンダーが入ったサルサソースをたっぷりかけてハフハフほおばれば、ああ至福のひととき。炭火の香ばしい苦味が、サルサソースのフレッシュさと溶け合って、実においしかった。

　基本は和食党の私は、日本にいて「メキシコ料理食べたいな」と思うことはあまり多くない。けれど現地に行くと不思議と「毎日メキシコ料理でもいいかも」という気になってくる。主食はトルティーヤというとうもろこしの粉から作られたクレー

プ。料理の味つけはトマト味が主流で、肉はもちろん、肉加工品やチーズもおいしい。日本とはまったく違うのに、不思議と私の体はすんなりメキシコ料理を受け入れる。

グアダラハラの市場でランチをし終わった私たちは「ムーチョ・グスト！（おいしかった！）」と店のお兄さんに声をかけた。するとモレーノ（混血）のお兄さんは手に持っていたお盆をクルリと回転させて一礼した。メキシコ人は外見は彫りが深く渋いイケメンが多いのに、動きは反して愛嬌たっぷりな人が少なくない。やっぱり「メキシコ」よりも「メヒコ」が似合うよな。

地方色の濃い、メキシコのメルカド

広大なメキシコには様々な地方料理がある。「食の都」と言われるプエブラではチョコレートを使ったソース「モレ・ソース」用のカカオが計り売りされているし、古都オアハカではチーズをびよんと伸ばしてボール状に巻いた、絶品オアハカチーズが並んでいた。季節によって土地によって、サボテンの実、完熟マンゴーなど、メキシコはフルーツもおいしく、安い。地方料理をのぞきたければ、メルカド（市場）へ。

また、民芸品もいかにもメキシコらしいカラフルでキュートなものが多い。先住民の刺繍が入った布製品や陶器の小物など、お土産物なら民芸品市場へ。

GUADALAJARA, MEXICO

【メキシコ／グアダラハラ】
人口：約365万人（グアダラハラ周辺を含む、推定）

リベルタ市場（Mercado Libertad）

住：Javier Mina y Calzada Independencia Guadalajara, Mexico
営：10:00〜20:00
休：なし（店によって異なる）
交：メトロ1号線San Juan de Dios駅徒歩2分。観光エリアから徒歩圏内
広：200m×100m。かなり広い。
見どころ 2階中央吹き抜けのフードコート、色とりどりのフルーツ、東側の民芸品店

▶ **お土産度** ●●●●●
1階の東側には民芸品店が多数。布類、バッグ＆靴などの皮製品が多い。布、カーペットなどはカラフルなものが多くキュート。買う場合はがんばって交渉を。

▶ **ローカル度** ●●●●○
基本は地元の人。ただし観光客もウェルカム。

▶ **アクセス度** ●●●○○
街の中心、観光エリアの徒歩圏内で地下鉄駅もすぐ。非常に便利。ただしグアダラハラまでの飛行機は、乗り継ぎが必要。

▶ **危険度** ●●○○○
メキシコ＝怖い、と思っていると、その平和な雰囲気に驚くはず。ただしスリなどには注意を。

▶ **自炊度** ●●●○○
野菜・肉も多数あるが、屋台メシもおいしい。

▶ **屋台度** ●●●●●
2階がフードコートになっていて、メキシコ風バーベキュー、タコス、ジュース屋台など多数。

おいしい！に出会える市場

生ハム満載の市場で耐え切れず、ツマミ食い

最高級のイベリコ豚の生ハム、「ハモン・イベリコ」。塩気と赤ワインのコントラストが絶妙

サン・ジュセップ市場の名物オヤジ

もうひとつの市場、サン・ジュセップ市場は「バルセロナの台所」と称される、スペイン最大の市場。この市場の名物といえば、入って右手にあるBAR「PINOTXO」のマスター、アントニオさん。料理本なども出す市場の有名人で、カウンターの中から親指を立てるポーズもお手の物。料理はそのときどきのタパスで、どれも絶品。ただし数十席しかないうえ、かなり人気のあるBARなので、ランチ時の行列は必至。売り切れになるタパスも多いので、午前中やや早めに行くのがオススメ。

上／ヒヨコ豆を使ったタパスは、人気の1品。ほかにエビなどの魚介類を使ったもの、グリルなどその日の仕入れによってメニューは変わる

ごらんのとおり、上からズラリと生ハムを並べたお店。100gから購入可能だから、買ってホテルでつまむ、というのもアリ

スペイン名物といえばチュロス。市場近所のカフェで食べられる

【スペイン／バルセロナ】サンタ・カタリーナ市場ほか

「ほとんどの肉製品が、お土産として日本に持って帰ることはできません」

市場を歩きながら、日本の農林水産省のホームページに大きく赤字で書かれた文字を思い出し、私はがっくり肩を落とした。何を隠そう私は、加工肉、特に生ハムに目がないのだ。そして目の前に並ぶのは豚の足、足、足。世界に名高いスペイン産の生ハムが、足1本丸々天井からぶら下がっている。

スペインの首都バルセロナにあるサンタ・カタリーナ市場。バルセロナといえばもうひとつ、サン・ジュセップ（ボケリア）市場が有名だが、あえてこちらをチョイスしたのは、この市場が「現代のガウディ」と名高い建築家エンリク・ミラーレスによるものだから。入り口から見える市場の屋根はいかにもスペインらしい独特の配色をしたレンガ造りになっていて、しかもぐにゃりと波打っている。ステキかどうかは置いておいて……「なんだか変わった建物だなあ」という印象。

ただし内部は至ってシンプルだ。果物、野菜、お菓子などの小売店が整然と軒を連ね、掃除も行き届いている。第三国の市場と比べ、清潔度は段違い。その分お客さんの雰囲気も整然としていて、大声をあげて売りさばく、という雰囲気ではない。

上／活気溢れる市場の入り口　左下／野菜も新鮮そのもの。トマト1キロ2.29ユーロ（260円程度）は日本よりはるかに安い　右下／お菓子も計り売り。このカラフルさを見よ！

スペイン名物、パエリア。市場内のBARで食べられることも

旅人が手を出しやすいのは生ジュース。一杯1.5ユーロ（180円程度）から

山盛りチェリー→

みんな淡々と仕事をし、お客さんも淡々と買い物をしている。

一生に一度は、豚の足1本丸々買ってみたい！

この市場の花形は、やっぱりスペインならではの生ハムのお店。生ハムといえばヨーロッパ中で食べられているが、何を隠そうここスペインは、生ハム生産量で世界一を誇る国。餌にどんぐりを食べて育ち、その甘みのある肉で知られる「イベリコ豚」を使った生ハムも、そこら中にぶら下げられている。豚の足1本丸々……日本にいると滅多に見られない光景に、「ああスペインにいるんだなあ」としみじみ。しかしつくづく、肉製品がお土産として日本に持って帰れないことが悔やまれる。生ハム好きとしては、一生に一度でいいから、「ハモン・イベリコ（イベリコ豚の生ハム。生ハムの中でも最高級のもの）、1本お願い！」と言い放って、豚の足1本丸々うんせと担いで家に帰ってみたいものだ。

もう我慢できない!? 市場内のBARへダッシュ

さまざまな制約のある旅人にとって、助け舟なのが、市場内にあるBAR（バル）。スペインのBARは便利で、ワインはもちろん、日替わりのタパス（スペイン風おつまみ）やチーズなどが食べられるため、旅人がお世話になる機会も多い。一緒に市場歩きしていたダンナと「生ハムっておいしいよね～」と話していたら、どうしようもなく生ハムが食べたい気分になって、ＢＡＲに駆け込んだ。

「生ハム1皿！」「ワインも！」

ダンナと私が交互に叫ぶ。山盛りにしてもらった生ハムとハグハグしながら、あれこれ指差して、タパスを頼む。ああしかし、スペインの生ハムはかめばかむほど味がじんわりしてきておいしい。これってよくよく考えたら、スルメと同じ系列のおいしさなんだろうなあ。市場の雑踏と生ハムの塩気を感じながら、私たちは至福の時を過ごした。

スペインの生ハムヒエラルキー

一口に生ハム、といっても種類はさまざま。スペインでは豚の種類と部位によって、4つのカテゴリーに分かれている。まずは原料が白豚（ハモン・セラーノ）か黒豚（ハモン・イベリコ）か。スペインでの生ハム生産量は白豚が89%、黒豚が11%（2007年現在）。稀少なだけに価値が高く、生ハム界では黒豚が勝ち組。部位でいえば、前足をパレタ、後足をハモンといい、前足より後ろ足のほうが高級。また養育方法によってベジョータ、レセボ、ピエンソと分かれていて、ベジョータが一番高級とされる。つまり黒豚の後足、さらにベジョータが生ハム界の王者。ただし全体の生産量のわずか1%しかないとか。

BARCELONA, SPAIN

【スペイン／バルセロナ】

人口：約300万人（バルセロナ都市圏全体）

サンタ・カタリーナ市場
（Mercat de Santa Catarina）

住：Av Francesc Cambo 16, Barcelona, Spain
営：月8:00～14:00、火・水・土8:00～15:30、木・金8:00～20:30
休：日・祝
交：4号線Jaume Ⅰ駅から徒歩3分
広：80m×100m程度
HP：http://www.mercatsantacaterina.net/（スペイン語のみ）
見どころ 天井からぶらりと垂れ下がった豚の生ハム足

サン・ジュセップ（ボケリア）市場
（Mercat de Sant Josep）

住：La Rambla de Sant Josep 91, Barcelona, Spain
営：8:00～20:30（午前中に店じまいするところも。早めがベター）
休：日・祝
交：3号線Liceu駅から徒歩3分
広：100m×100m程度
HP：http://www.boqueria.info/（日本語あり）
見どころ BAR PINOTXOのオヤジ、アントニオさん

▶お土産度 ●●○○○
生鮮品＆食料品がメインで、民芸品などはない。ビン詰めのオリーブ、缶入りパテなどはOK。

▶ローカル度 ●●●●○
基本的にローカル向け。ただし市内の観光エリアにほど近いので、市場好き観光客もちらほら。

▶アクセス度 ●●●○○
どちらも市内中心地にあって、駅からも近い。ただしバルセロナへは直行便はなく、パリなど経由

▶危険度 ●○○○○
市場に緊張感はないが、スリ、置き引きには注意。

▶自炊度 ●●●●●
野菜＆果物は新鮮で安い。おいしいレストランも多いので、朝のみ自炊、というのも手。

▶屋台度 ●○○○○
市場内にBARがある。いわゆる屋台は少ない。

市場ギャラリー ❶
おいしい市場
〈フランス〉

本文はP.20へ☞

大賑わいのチーズ屋さん。おじさんがカップに詰めているのは手作りのヨーグルト

パリジェンヌ気分で冬のマルシェをぶらり旅

【フランス／パリ】マルシェ・バスチーユ

買いたい、そして作りたい……！

多少料理に興味のある人なら、必ずやそう思うはず。つやつやの野菜、とれたての魚介類、そしてマルシェバッグを片手にひょいひょいお買い物をするパリジェンヌたち。花の都パリに立つマルシェ（市場）は、気どりのない空気に満ちている。

実際、パリほどの大都会でありながら、市場を目にする機会が多い都市はほかにあまりない。生鮮品中心のマルシェから、古書専門マルシェまで幅広い。中でもこのマルシェ・バスチーユはひと駅分に渡って生鮮食品が並ぶ、パリ最大規模の市場だ。

クリスマスの直前のマルシェ・バスチーユは、吐く息も白い寒空の下ながら、買い出しに訪れた人で賑わっていた。決して野菜が豊富な季節ではないものの、パプリカ、ピーマン、玉ねぎなど、毎日の生活に欠かせない野菜は山積み。アーティチョーク、ラディッキョ、エンダイブなど、もともとはイタリア料理

PARIS, FRANCE

【フランス/パリ】
人口：約217万人（パリ市、2007年）

マルシェ・バスチーユ（Marché Bastille）

住：Bd.Richard Lenoire 11e Paris, France
営：毎週木7:00～14:30、日7:00～15:00
交：メトロ1・5・8号線Bastille駅から徒歩1分
広：メトロ1区間、約400m。パリ最大
見どころ　旬の野菜、果物、魚介類など色とりどりの食べ物

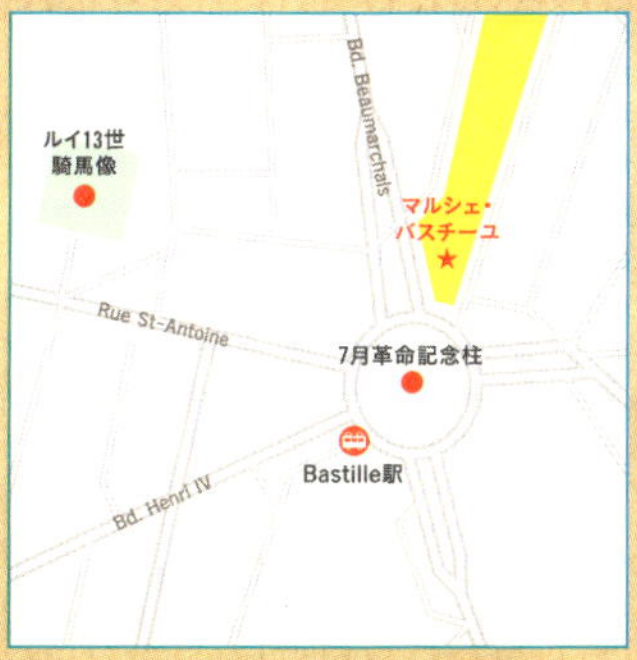

▶お土産度　●○○○○
チーズ、ジャムなどの加工品はお土産でもOK。衣料品、日用品なども多少はあるが、基本は食べ物。

▶ローカル度　●●●●○
おじさん&おばさんたちがマルシェバッグを持って買い物に来ている雰囲気。観光客もちらほら。

▶アクセス度　●●●●●
メトロの駅からすぐそば。近くにはカフェもあり、観光の合間に寄りやすい。

▶危険度　●○○○○
スリに気をつける程度で問題なし。

▶自炊度　●●●●●
とにかく新鮮な生鮮食品が多く、値段も日本よりずっと安く、自炊心をそそられる。

▶屋台度　●○○○○
クレープの屋台がある程度で、決して多くはない。小腹が減ったら近くのカフェへ。

左／クリスマス用の七面鳥、丸ごと1匹
右／巨大なアーティチョークを発見

上／パリは男性も花に興味津々（P58参照）
下／魚介類も充実していて、見せ方も美しい

上／お手製のラディッシュのピクルス。100gから購入可能　左／ほかほかのソーセージはテイクアウト用

に使われることが多い野菜も見かける。きのこの種類の多さも、さすがフランス。クリスマス・ディナー用だろうか、特に魚介類はゴージャスだ。マダムが、手長エビをあれこれ選んで袋に詰めている。フランス人の大好きな牡蠣は、1キロ4ユーロ（約490円）から。人だかりができているのは、1キロ10ユーロ（約1220円）の大特価伊勢エビだ。タラバガニの巨大な足の横で、トナカイのイルミネーションが光っている。

さすがだと思うのは、みなごく当然のようにマイ・バッグを持ってきていること。そうして野菜や果物を自らの手で選んで袋に詰めていく姿は、なんだか絵になるのだ。男女が半々なのも、フランスらしい。日常のマルシェの風景の中にも、この国の自由でマイペースな雰囲気が潜んでいる。

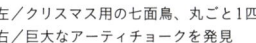

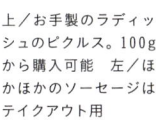

おいしい!に出会える市場

縁日屋台も楽しめる、夜の買い食い天国へ

行列ができる饒河街観光夜市の人気店「福州世祖」。胡椒餅が作られるのを見ながら待とう

左上／台湾の夜市は座席のある屋台と、テイクアウトのみの屋台がある。座席があるほうがお客さんの年齢層は高め？　右上／最近はチェーン店の屋台も多く、お揃いのエプロンをしていたりする　左下／士林夜市には童心に戻れるゲームも多数。景品はぬいぐるみなどのおもちゃが多い　右下／漢字があふれていて、文字からメニューが想像できることも多い

【台湾／台北市】
士林夜市ほか

何やらがなり声をあげて、お客さんを呼び込む男。天井からぶら下げられたヘビは、まだ生きているらしくうねうね動き、そして男は一気にヘビの皮を剥ぐ。徐々にピンク色の肌が見えてきてるのに、ヘビはまだ動き続け、その様子を黒山の人だかりがおっかなびっくりのぞいている――。

私が異国の市場に触れた原体験は、台北だった。6歳～7歳の頃（1982～83年）にかけて、私は父親の仕事の都合で、台北市に住んでいた。日本からお客さんが来たときなどに、父がよく連れていってくれたのが、冒頭の「ヘビの市場」。市場の中では、あちこちでヘビを使ったパフォーマンスが繰り広げられていた。日本から来たお客さんはたいてい度肝を抜かれ、いたずら好きの父と私はそれを見てほくそ笑んでいた。この市場は台北市内にある「華西街夜市」で、私が見たパフォーマンスはいまも、「毒蛇研究所」ほか、いくつかのお店で行われている。もともとここは風俗街で、精力をつけるためにヘビやすっぽんなど滋養強壮系のレストランや屋台が軒を連ね出したそうだ。ここは夜市の中でもローカル色の濃い、ディープな場所だが、そのほかにも台北には数々の夜市がある。

7つの夜市、それぞれの顔。

❶ 士林夜市

台北市内でもっとも大きく、一番有名な夜市。若者や観光客も多く、食べ物屋台も、流行に合わせたイマドキのものも多い。射的など縁日のようなゲーム屋台も。

交：MRT淡水線劍潭駅から徒歩5分

❷ 饒河街観光夜市（松山夜市）

士林夜市の次に規模が大きく、台北で一番古い夜市。400mの一本道の両側には、庶民向けのレストランや雑貨店、衣料品店が並ぶ、「古き良き夜市」。

交：台湾鉄道松山駅からすぐ

❸ 臨江街夜市

中規模で、衣料品、食料、屋台などが並ぶ。台北四大市場のひとつで、老舗の有名レストランも数多くある。お客さんは地元の人が多く、素朴でパワフルな雰囲気。

交：MRT木柵線六張犁駅から徒歩15分

❹ 寧夏路夜市

「とにかくうまいもの!」という食いしん坊さんはここへ。麺、小籠包、魚介類、チャーハンやぶっかけ飯、からすみなどの珍味etc...ありとあらゆる屋台がある。

交：MRT淡水線中山駅から徒歩10分

❺ 雙城街夜市

短い通りながら、両サイドには食べ物屋台がひしめき、地元の食いしん坊さんが集う。24時間開いているお店も多く、朝方と夕方、屋台が入れ替わる。

交：MRT淡水線民權西路駅から徒歩8分

❻ 公館夜市

名門・台湾大学のそばの夜市で、若者向けの服屋・露天のほか、店舗型の料理屋、小路には食べ物屋台も。おしゃれな学生がズルズル麺をすすっていたりする。

交：MRT新店線公館駅すぐ

❼ 華西街夜市

すっぽんやヘビなどを使った滋養強壮系＆海鮮料理店が連なる、ディープ系夜市。「台北の歌舞伎町」と言われる歓楽街で、ちょっぴり妖しげな雰囲気が漂う。

交：MRT板南線龍山寺駅から徒歩7分

お腹を減らして、好奇心を満たして

「お腹がいっぱいで、くやしい」

台北に到着するやいなや夜市にかけつけて、たらふく食べたあとに、私はそう思った。観光客にとって一番入りやすい、「士林夜市」でのこと。ここは「士林小吃廣場」と呼ばれる100軒以上の飲食物の屋台が中心にあり、その周辺にまで衣料品、雑貨、ゲーム屋台などが連なっている。夜の帳が落ちるとともに電灯の明かりが強まり、毎晩がちょっとしたお祭のよう。

だったらちょっと腹ごしらえを兼ねて、昔なつかしい縁日にあったようなゲームができる屋台に立ち寄ってみる。射的、輪投げ、ダーツなど、なぜかここには「投げ」系のゲームが多い。旅の恥はかきすて、きゃあきゃあ言いながら童心に戻って遊ぶ。残念ながら景品は、大人が喜ぶようなものではなかったけれど……。

夜市を遊びつくすコツは、お腹をすかしていくこと、そして好奇心を満たしていくこと。上に代表的な7つの夜市を挙げたが、それぞれに特徴、個性があるものの、どこでも必ず食べ物屋台があり、レストランの数も多い。世界一雑食だと言われる中国人の血を引き継ぎ、しかも日本やら各地の味を自分たちなりにとりいれる貪欲さを持つ台湾人。おそらく台湾の夜市ほど多種多様なものが食べられる市場は、世界にも他にない。

TAIPEI, TAIWAN

【台湾／台北市】
人口：約261万人

士林夜市（すーりんいえしー）

住：士林区大東路、大南路、文林路、基河路周辺 Taipei, Taiwan
営：17:00〜25:00頃
休：なし
交：MRT淡水線剣潭駅からすぐ
広：東西300m、南北500mほど出店、屋台が連なる
見どころ 多種多様な食べ物屋台、縁日のゲーム屋台

▶ **お土産度** ★★★☆☆
中国風の布雑貨や、携帯ストラップ、アクセサリーなどの雑貨店多し。ただし要値段交渉、時にはぼられることもある。まとめ買いがお得。

▶ **ローカル度** ★★☆☆☆
観光客も多いが、地元のカップルや家族の姿も。それぞれの夜市によって客層は異なる。

▶ **アクセス度** ★★★★★
おそらく本書の中でもっとも行きやすい。台湾までのフライトは3時間半。MRTの駅の目の前に、常設の食べ物屋台街「士林小吃廣場」がある。

▶ **危険度** ★☆☆☆☆
ツアーバスも来るほどなので、スリに気をつける程度で問題ない。

▶ **自炊度** ★☆☆☆☆
生鮮食品よりも買い食い、屋台メシ系が多い。旅人が一番手を出しやすいのは旬の南国フルーツ。買って帰ってホテルで食べてみては？

▶ **屋台度** ★★★★★
何を食べるか決められないほど、多種多様な屋台メシ、飲み物、デザートが並ぶ。有名店は行列ができていたりすることも多く、目印になる。

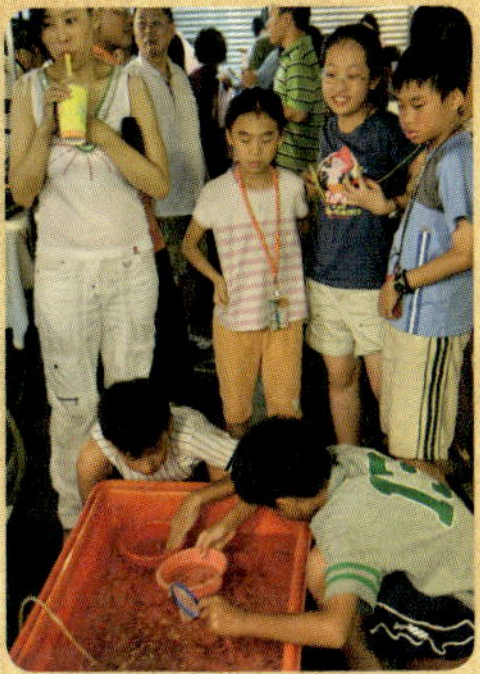

日本式の金魚すくい屋さんを発見

オススメの夜市定番フルコースを。すべて士林夜市で食べられます。

❶ つまみ
滷味（るーうぇい）
台湾夜市定番の「串焼き」は、買い食いにぴったり。まずは羊肉や鶏の足など、珍しいものにトライ

❷ 前菜
仔煎（おーあーちぇん）
続いて屋台の代表メニュー、カキ入りのオムレツ。カキのうまみとトロトロあんかけが好相性

❸ 主食＋α
魯肉飯（るーろーはん）
じんわり味がしみこんだ豚肉かけ飯は、食欲がすすむ味。副菜に青菜を選べば、ちょっとだけヘルシー

❹ デザート
愛玉（あいゆぅ）
デザートは別腹。愛玉子という植物からできたゼリーは、台湾だけの味。レモンシロップでつるんと

❺ 締め
牛肉麺（にゅうろうみぇん）
しばし散策したあと、「締めのラーメン」。こちらは辛いスープだが、さっぱり目のスープもあり

オレンジ色の光に照らされ、精肉が光り輝く「現代のアゴラ」

おいしい！に出会える市場

ダイナミックな肉市場に陽気な男たちが集う

【ギリシャ／アテネ】現代のアゴラ

「カリメーラ（こんにちは）！」

「アテネの胃袋」の異名をとる巨大市場を歩いていると、何度も陽気な声がかかった。「俺を撮れ！」と近寄ってくるお兄さんもいれば、精肉用の巨大包丁を抱えてポーズをとるおじさんも。やたら人懐っこいのは国民性もあるだろうが、この市場の売り子のほとんどが男性ということもあるだろう。目の前にはズラリと精肉店の屋台が並び、生々しい血の香りが漂っている。

実際並んでいる精肉を見ても、これだけ種類が多い市場は目にしたことがない。豚・牛・鶏は臓物類も含めて部位ごとに丁寧にディスプレイされている。皮を剥がれた山羊の頭、ひざから下だけ真っ白いふわふわの毛が残された丸裸のうさぎ。「精肉の見本市」のような肉のバリエーションの豊富さに、私は夢中になってシャッターを切った。カメラを向けると、すかさず商品を抱えてポーズをとってくれるおちゃめな人が多い。

魚はたいてい1匹丸々置かれている。もちろん切り売りもOK。見たことのない魚も多い

上／豊かな海を抱くギリシャは、魚介類も充実　左下／ペット売り場で小鳥と遊ぶお姉さん　右下／野菜類は場外にまとまっていた

男性率が高いのは、この市場では精肉店の多くが肉の解体まで請け負っているからだろう。市場のあちこちで、巨大な肉の塊がノコギリのような巨大な包丁でギコギコと解体されていく。そうして切り分けられた肉塊は、お客のオーダーが入るなり、たちまちゴンゴン叩いてさらに小分けにされる。その手際の良さは、見ていて惚れ惚れする。

そういう意味でここ「現代のアゴラ」は、肉を切る風景＝ダイナミックな「食の風景」ととらえる人にとっては、間違いなく世界でもっとも魅力的な市場のひとつだ。市場をブラブラ歩いているだけで、肉を食べることは命をいただく行為なのだと体で感じられる。けれど肉を解体する風景＝グロテスクで気持ち悪いと思う方には、この市場はオススメできない。そもそも普段肉を食べているのに、それが解体される現場を「気持ち悪い」なんて言うのは、食べられる動物たちに失礼じゃないか！と個人的には思うけれど……。

「さっきまでこのうさぎ、ぴょんぴょんしてたんだから。おいしいに決まってるだろ？」

アレコレ考えてちょっぴりセンチメンタルな顔をしていたからだろうか。精肉店のおじさんはうさぎの肉を指差し、そしてうさぎのようにぴょんぴょん飛ぶまねをして笑わせてくれた。

精肉だけではない。エーゲ海に面したギリシャは、魚介類の宝庫でもある。鮮魚コーナーには近海でとれた鯛やイワシなど

精肉店で働く人は、みな白衣を着用していた。キリリとしていてカッコイイ

おなじみの魚から、いかつい顔をしたアンコウ、はたまた巨大なウツボまで並んでいる。ウツボは日本や中国の一部の地域では食されているが、ここギリシャでもお見かけするとは！ほかにも西欧諸国では「悪魔」とされ、敬遠されがちなタコも、大小様々なものが並んでいた。

場外に出ると、今度や様々な種類の八百屋さんがあった。目につくのは、オリーブ製品の種類の多さだ。ギリシャはオリーブオイルの消費量で世界ナンバーワン。オイルはもちろん、色も形も様々なオリーブが量り売りされている。日本人にとっての梅干、いやきっとそれ以上のものなのだろう。

現代、古代のアゴラとは？

アテネには「現代のアゴラ」とは別に、「古代のアゴラ」という観光名所もあり、かつて世界の大帝国だったギリシャの栄光が、遺跡として残されている。そもそも「アゴラ」とは、古代ギリシャでは大きく「広場」や「会議の開催場所」などを指していた。その言葉はいまも生き続けていて、アテネには観光客が集う名所「古代のアゴラ」と庶民の市場「現代のアゴラ」が、距離にして1キロほどのところに同居している。古代も現代も「アゴラ」はギリシャのダイナミズムを感じられる、大切な場所だ。

ATHENS, GREECE

【ギリシャ/アテネ】
人口：約435万人（アテネ市）

現代のアゴラ（Agora, Central Market）

住：Athinas & Evripidou, Omonia, Athens, Greece
営：6:00〜15:00頃（店により異なる）
休：日
交：Omonia駅からAthinas通りを300m程度南下、徒歩5分
広：100m×100m程度
見どころ 様々な種類の肉。またエーゲ海産の新鮮な魚介類

▶ お土産度 ●○○○○
基本は生鮮食品で、お土産物はない。ただしドライトマトやカン詰めなどの加工品はある。

▶ ローカル度 ●●●●○
ローカル向けで、地元の人たちが買い物カゴをぶら下げて来ている。プロっぽい人たちもちらほら見かけた。といっても観光の拠点となる場所にあり、観光客も立ち入りやすい雰囲気だ。

▶ アクセス度 ●●●○○
街の中心地オモニア広場から徒歩で行ける。ただし日本からアテネまでの直行便はない。

▶ 危険度 ●●○○○
人で混雑しているときは、スリ、置き引きなどにに気をつけること。

▶ 自炊度 ●●●●●
「ああ、これを料理してみたい!」と思うような珍しい食材にあふれていて、お値段も高くない。

▶ 屋台度 ●○○○○
チュロス、ピーナッツなどのスナック類の屋台が出ている程度。ただし市場内に庶民的なレストランがあり、肉料理などが食べられる。

肉にもいろいろありまして。市場内、美肉スナップ

毛をつけたままの肉片、臓物、そして頭。ここではありとあらゆる精肉の部位が揃っている。特筆すべきはその見せ方の美しさ。同じ種類のものはキチンとまとめられ、同じ方向に飾られている。天井からは頭がぶら下がり、何の肉を売っているか一目でわかる。やはりこれはギリシャ人の優れた美的センスによるもの!? 市場で見かけた美肉の数々を。

牛の頭、豚の内臓などは美しく下処理されている。食べるところ、いっぱいあるんだなと感心

山羊やうさぎなど、日本ではあまり見かけない肉類も充実していて料理好きの腕が鳴る!?

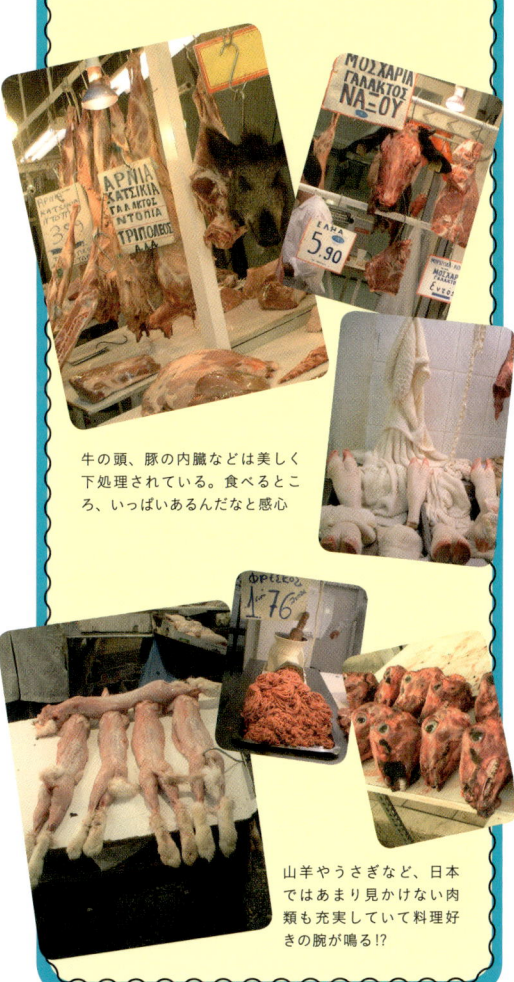

犬とお散歩しながら買い物するニューヨーカーの姿も。大都会とは思えない光景

おいしい！に出会える市場

スローかつ最先端 大都会の農業市

【アメリカ／ニューヨーク】ユニオンスクエアのファーマーズ・マーケット

昨今、全世界的に「食べ物に気を遣おう」というムーヴメントが花開いている。何を隠そう、私も毎日の食卓に有機野菜の宅配を利用していたりする。とはいえ、私の場合は有機野菜のおいしさに目がくらんだ、不純な動機からなのだが……。

そんなスローフード・ムーヴメントの金字塔的な市場が、世界一の大都会・ニューヨークにある。ユニオンスクエアで定期的に行われているファーマーズ・マーケットだ。ビルの合間にぽっかりと空いた広場には、様々なテントが建ち並び、農家から持ち寄られたとれたて野菜が、ケースに山積みになっている。じゃがいも、にんじんなどベーシックな野菜にまじって、サトイモを赤紫にしたようなビーツやら、イタリア料理でよく使うポルチーニやら、日本では見かけない野菜・キノコも多い。

直線的なビルとは対比的に、売られている野菜たちは形も色

NEW YORK, U.S.A.

【アメリカ／ニューヨーク】
人口：約836万人（2008年、推計）

ユニオンスクエアのファーマーズ・マーケット
（Farmer's Market in Union Square）

住：E.17th St. & Broadway, New York, NY, U.S.A.
営：月・水・金・土8:00〜18:00
休：火・木・日
交：地下鉄14th St. Union Sq.駅から徒歩すぐ
広：100m×200m程度の公園内
HP：http://www.unionsquarenyc.org/
見どころ 新鮮でいびつな野菜、様々な屋台と人種

▶お土産度
生鮮食品が中心なので、お土産にはしにくい。ただしチーズ、ジャムなど持ち帰れるものも。

▶ローカル度
たまたま通りかかった観光客がいる。散歩をする近隣住人とおぼしき人々も多い。

▶アクセス度
地下鉄駅からすぐで、アクセスしやすい。

▶危険度
混雑時にはスリなどに注意。観光客も多いエリアなので、特にそれ以上の危険はない。

▶自炊度
スーパーなどに並ぶ整然と揃った野菜よりもいびつで、逆に自炊したい欲求にかられる。またニューヨークにはキッチン付きの滞在型ホテルも多い。

▶屋台度
パンやスコーンなど、オーガニック系の出店がちらほら。

上／パプリカ、にんじんが鮮やかな色を放つ　左／実演販売のコーナーに、黒山の人だかり

上／来ているお客さんも、時代を反映してナチュラルなファッションの人が多い　右／地面に絵を描くアーティストの姿も

も不揃いだ。たとえば「エアルーム・トマト」と表示されたトマトは、人工的に受粉させるのを辞め、自然と同じ状態で作られたもの。スタイリッシュなニューヨーカーたちがエコバッグ片手に不揃いなトマトをより分けている姿は、アメリカ＝ファーストフードの国という概念を打ち破る。

近隣には屋台も出ていた。小腹が減っていたので、マフィンと有機栽培コーヒーをテイクアウト。かぶりついたマフィンは、かむほどに穀物の甘みが感じられ、これまでアメリカで食べたもののなかで一番おいしかった。薫り高いコーヒーは、ぐだぐだに煮立ったファーストフード店のものとは雲泥の差だ。

マンハッタンのビルに囲まれてふと思った。「おいしいから、スローフード」は、決して間違いじゃない。

まだまだある！

世界おいしい市場リスト

市場のワイルドな雰囲気を感じながら、屋台フードを食べたい！
そんな気持ちのときにぴったりの市場をリストアップ。
見てよし、食べてよしの市場散策を。

A シドニーの魚市場
Fish Market in Sydney

【オーストラリア／シドニー】

世界ナンバー2の魚市場で
新鮮オイスターを

東京の築地市場に次いで、世界第2位の水揚高を誇る魚市場がここ。内部はプロ用の競りが行われているエリアと、一般人向けの小売&食事ができるレストランが並ぶエリア「ウォーターフロント・アーケード」から構成されている。

観光名所としても有名で、魚介類を氷の上に並べたシーフードレストランは、お昼どき多くの観光客で賑わう。シドニー名物のオイスターは種類豊富で新鮮。ほかにサーモンやマグロの刺身もある。

住：Pyrmont Bridge Rd (Cnr.Bank St.), Pyrmont, Sydney, Australia
営：7:00〜16:00
休：なし
交：トラムでFish Market駅下車すぐ。またシドニーエクスプローラーで、18番Fish Market下車すぐ
広：200m×300mほどのエリア。卸売りスペースが広い
HP：http://www.sydneyfishmarket.com.au/

B フォロダニ・ガーデン
Forodhani Gardens

【タンザニア／ザンジバル島】

海をバックにBBQ
南の島の、のほほん屋台街

ロケーションの良さとほのぼの感が忘れられず、「また行きたいなあ」と思う青空屋台街がここ。ザンジバル島はエメラルドグリーンの海と白壁の入り組んだ旧市街が楽しめる世界遺産の島。旧市街近くの公園では、夜になると海をバックにシーフード屋台が並び、白衣をまとった黒人のお兄さんたちが、ワイルドな声で呼び込みをかけてくる。炭火で焼くイカ、タコなどの串刺しは1本30円程度、名物「ザンジバル・ピザ」も必食。

住：Forodhani Gardens, Zanzibar, Tanzania
営：17:00〜22:00頃（店により異なる）
休：なし
交：魚市場のある港、旧市街ストーンタウンから徒歩圏内
広：150m×150mほどの公園内の一角

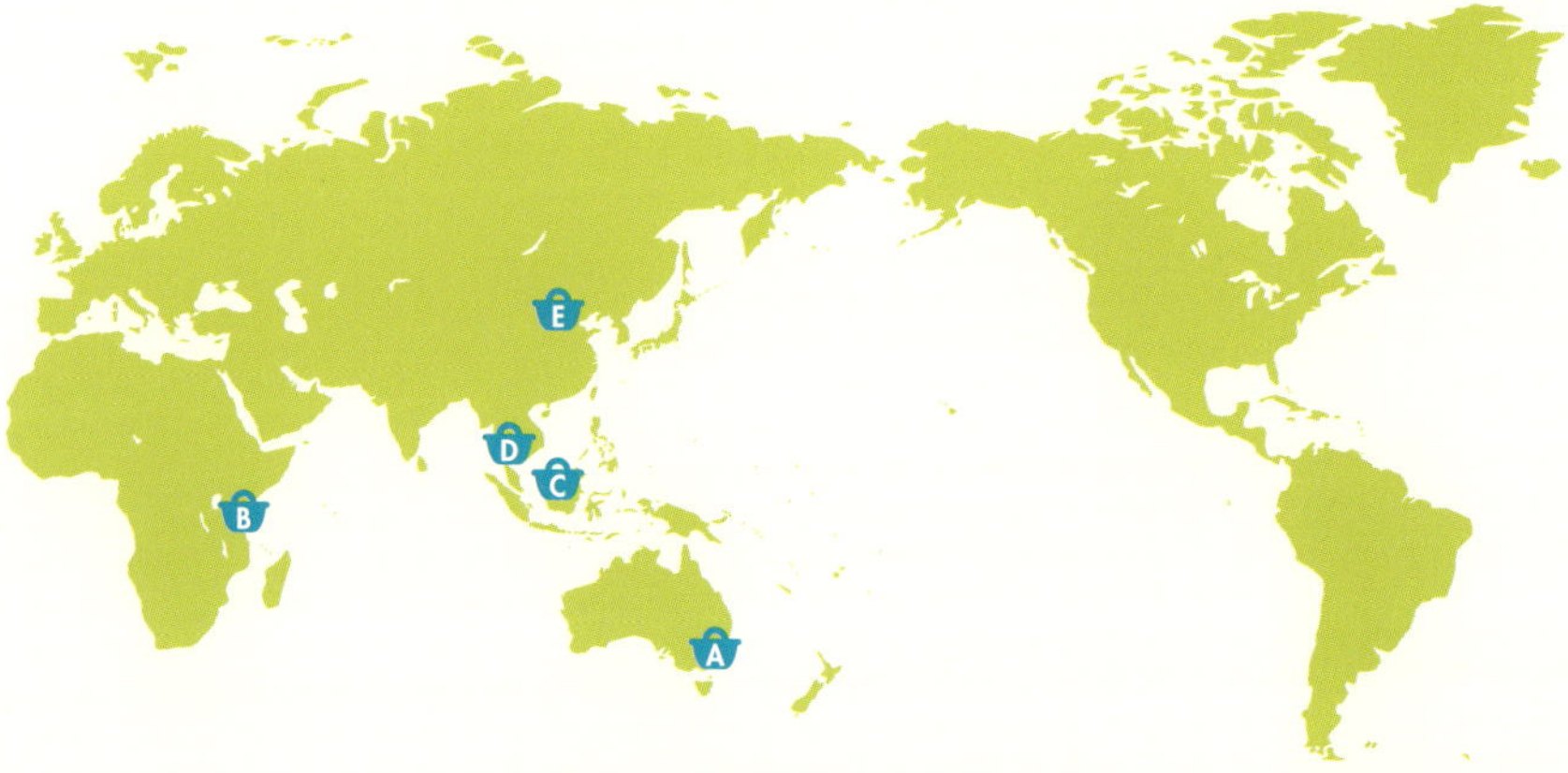

E 王府井小吃街
Wang Fu Jing Snack Street

【中国／北京】

サソリ、バッタなど、珍しい串焼きが並ぶ

北京きっての繁華街・王府井に隣接する屋台街。清代の建築を模したというテーマパーク的な造りで、観光客の姿も多い。入り口付近に串焼き屋台が並んでいるが、中でも目につくのがサソリやバッタ、タツノオトシゴなどの串焼き。丁寧に等間隔に串にさされ、店頭に堂々と並んでいるのが見ものだ。中にはまだ生きていたりして、観光客が興味深そうにシャッターを切っている。串焼きは1本5元～20元程度、いろんなお店をハシゴして買い食いするのが楽しい。ほかにも強烈な香りを放つ臭豆腐、中華風クレープ、日本風たこ焼きなど、旬の屋台が建ち並ぶ。

奥には建物もあり、内部はフードコート風の造りになっている。火鍋などの大物はこちらで落ち着いて食べられる。

屋台街の中には中国雑貨のお土産物屋さんがあったり、紙芝居をやっていたりとちょっとした縁日気分が楽しい。

住：東城区王府井大街
営：8:00～22:00
休：なし
交：地下鉄1号線王府井駅下車、徒歩約10分
広：150m×100mほどのエリア

D スクンヴィット・ソイ 38
Sukhumvit Soi 38

【タイ／バンコク】

屋台フード天国タイの定番屋台ストリート

タイでは街のいたるところに屋台が出ているが、その中で「おいしいお店が多い」と評判なのが、こちらの屋台街。トンロー駅からほど近いエリアにあり、通りの両側には店舗型のお店、その前にはリヤカーに屋根をつけた露天が続く。麺、串焼き、フレッシュジュースなどタイ定番の屋台フードはここに来ればすべて揃っていて、歩いているだけで何を食べようか悩んでしまうこと必至。

ここに限らず、タイで一番多いのは、バーミーナム、クイッティアオなど麺モノ屋台。たいていのお店は麺の細さ、太さ、汁の有り無しなどを選べる。わからないときは食べてる人や屋台のショーケースを観察して、「あれと同じもの！」「これ！」と指差し＆ジェスチャーでオーダーを。お店によっては日本語や英語のメニューがある場合もあり、値段は高くても一杯50バーツ（＝約135円）程度。

ほかにもカオマンガイ（タイ風チキンライス）や野菜炒めなど、選択肢は様々。3月～5月のシーズンになると、もち米の上にマンゴーを載せた名物スイーツ、カオニャオマンムアンの屋台も。

住：Sukhumvit Soi 38, Bangkok, Thailand
営：17:00～23:00頃（店により異なる）
休：なし
交：BTSスクンビット線トンロー駅すぐ
広：100mほどの通り

C コタキナバルの魚市場
Fish Market in Kota Kinabalu

【マレーシア／コタキナバル】

海を前に煙があがる魚・魚・魚の屋台街

実はまったく期待していなかったのに、着いた早々大興奮！　滞在中何度も通ってしまったのが、マレーシアのボルネオ島最大の街コタキナバルの魚市場。場所はお土産物が並ぶフィリピノ・マーケットの裏手、海に面した広々としたスペースで、日が傾きはじめるとどこからともなく魚介類を売る屋台、野菜や果物を売る屋台、そして食べ物屋台がずらずらと店を出し、潮風に乗って様々な香りが漂う。観光客もちらほらいるが、基本はローカル向け。エプロンをしたおじさんたちが出刃包丁でバンバン魚をさばき、お母さんたちは果物の山の前に威勢のいい声をあげる。港町特有の活気に満ちていて、カメラを向けると魚をつかんでポーズをとってくれる、サービス精神の旺盛な売り子さんが多い。

炭火で焼き物をする食べ物屋台も多く、魚やエビ、イカなどがシンプルな塩焼きもしくはフライにされて店頭に並んでいる。

住：Fish Market, Jl Tun Fu Fuad Stephens Kota Kinabalu, Malaysia
営：16:00～22:00頃（店により異なる）
休：なし
交：ツーリスト・インフォメーションから徒歩2分程度。中心地自体が歩ける程度のサイズ
広：100m×100m程度の広場に屋台がぎっしり

市場の主役、「食べ物」のある風景

市場の華は、なんといっても食べ物。市場で思わず目にとまった光景を。

@ウズベキスタン

ついそそられて買ってしまそう

@マレーシア

日本ではあまり見ない切り方

@マレーシア

これは辛い!

@マレーシア

おめでたい食べ物

@中国・新疆ウイグル

う、サメ、びっくりした!

@イスラエル

大きくて長いスイカ!

@フランス

ザリガニです

@アメリカ

アジア風フライドクレープ、ローティの作り方

@マレーシア

スイカ満載トラック、持ち主はどこに？

@中国・新疆ウイグル

@ウズベキスタン

食べ物と売り手が似てる例3つ

@中国・新疆ウイグル

@香港

@メキシコ

@ウズベキスタン

ところ変われば見せ方も換わる例〈ざくろ編〉

@フランス

インテリア大賞

@モロッコ

目で楽しむ！

@アメリカ

目が回りそう……

@ミャンマー

市場豆知識 ❶ 世界の「おいしい」

「こんにちは」「ありがとう」に次いで、私がまず覚えたいと思う現地語が「おいしい」。おいしいものに出会ったときに連呼すれば、現地の人とのコミュニケーションもばっちり。

- □ 英語 ⇒ 「ナイス」「グッド」
  ※「デリシャス」はやや大げさ
- □ スペイン語 ⇒ 「ブエノ」「リコ」
- □ フランス語 ⇒ 「セ ボン」
- □ イタリア語 ⇒ 「ブォノ」
- □ ドイツ語 ⇒ 「レッカー」
- □ ロシア語 ⇒ 「フクースナ」
- □ 中国語 ⇒ 「ハオチー」
  ※チーはチとツの間の発音
- □ 韓国語 ⇒「マッシソヨ」
- □ タイ語 ⇒「アロイ」
- □ マレー語／インドネシア語 ⇒ 「バグース」「エナック」
- □ ベトナム語 ⇒ 「ゴーン」※ゴは鼻にかけた鼻濁音
- □ ヒンディー語 ⇒ 「アッチャ」
- □ ネパール語 ⇒ 「ミトチャ」※食後は「ミトラギョ」
- □ アラビア語 ⇒ 「ラジーズ」※国によって方言あり
- □ スワヒリ語 ⇒ 「キズーリ」

旅先で自炊する

「市場」というと一般的に野菜や肉、魚など食品が売られているところをイメージする人も多い。こうした市場は見学するだけでも楽しいのだが、実際自分で買うとなるとさらに親近感がわく。
「でも旅先で料理なんてする場所ないし……」という諦めがちな方に、「旅先で料理をする方法」をご紹介。

1 キッチンつきの宿をとる

もっとも王道な方法がこれ。探してみると案外キッチンがついている宿というのはあるものだったりする。例えば……

A.ユースホステルなどの安宿

何かとケチるバックパッカー向けの宿は、共同キッチンを併設しているところが少なくない。傾向としては南米・アフリカエリアは特に多く、意外に外食が発達しているアジア圏では少ない。そしてユースホステルはけっこうな割合でキッチンがついている。これらの宿の利点としては、前の人が置いていった塩・コショウなどの調味料が残っていたりすること。また仲良くなった旅人同士、通称「シェア飯」、いわば共同で料理をするのも楽しい。難点としては、夕食時など他の人にキッチンを占領されて使えなかったりすること。また共同の冷蔵庫に置いておいたものが、いつしかなくなっていたりしてムッとすることもたまにある。

左／チリの日本人宿のキッチンでは、生魚を刺身に！（P75参照）　右／ゲストハウスのキッチンはこんな感じ

B.滞在型のホテル

いわゆる「レジデンツ」「アパートメントホテル」と呼ばれる長期滞在者向けのホテルでは、キッチン併設が必須だったりする。第三国ではチェーン展開しているような高級ホテルでもレジデンツタイプの部屋があることもある。これらのホテルはたいてい「○泊以上滞在すべし」という規定があるが、1泊からでも泊まれるところは少なくない。こういったタイプの宿だと、たとえば夜だけはレストランで、朝食＆昼食は宿で、なんて使い分けもできる。たいていは鍋や包丁などの調理セットは揃っているが、調味料まであるかは宿次第。塩・コショウぐらいはあったりすることが多い。

右／パスタ調理中。パスタは世界中どこに行ってもある

2 調理道具を持って旅をする

これは思いつくのは簡単だが、やるとなるとけっこう面倒。というのも、荷物が圧倒的に多くなるからだ。私は過去、アメリカをレンタカーで横断したときにこのスタイルをとった。調理器具のアイテムとしては①アウトドア用の2口コンロ（ガスに直接つけられる1口のものだとさらに軽い）②コンロ用のガス③アウトドア用の重ねられる鍋④折りたためるまな板⑤アーミーナイフ⑥おたま⑦お箸。必要最低限だが、これだけで案外普通に料理ができてしまった。そしてこういうときに強いのは、やっぱりアウトドア・グッズ。購入前に登山好きに相談してみては？

アメリカ横断ドライブのときのキッチン。天ぷらまで作っていた

3 他人のキッチンを借りる

裏技的だが、これができれば旅人上級者。たとえば宿によっては従業員用のキッチンを併設しているところもあり、使ってない時間を見計らって「ちょっと使わせて〜」と直談判するのだ。ほかにも知り合った現地の人の家にあがらせてもらうという手もある。またホームステイなど一般家庭に泊まれば、キッチンを使わせてもらうチャンスも。ただし基本的には他人の好意に甘えることなので、実現できたらラッキーぐらいのほうがいいかも。

4 料理教室に参加する

私が近頃気に入っているのが現地での料理教室。1日からのコースも多く、しかも現地の料理を習えるというメリットもある。逆に決まった料理しか習えず、自分の好きな料理が作れないというデメリットもあるが。

昨今は観光客向けの料理教室も趣向を凝らしていて、次に紹介するバンコクの「スミタカルチャーセンター」のように、市場でのお買い物からコースに組み込まれているようなところも。

市場散策までついた、バンコクのお手軽料理教室

個人的には「奇跡の料理」だと思うぐらい、私はタイ料理が大好きだ。そんなタイ料理が習えるコースがこちら。

半日のお手軽コースなのに、スクールはまずタイ語のレッスンから始まる本格派。「いくら?」「まけてください」など、お買い物に必要な言葉を教えてもらえる。それが終わると、次は市場散策へ。タイの料理教室の中には「市場で食材を買う」というところからコースに含まれていることもけっこうあるのだ。

訪れたのはバンコクのローカル向け「プラカノン市場」。これまでも訪れたことのある市場だったが、何しろタイ料理の先生のお供がつくというのは、心強い。日頃市場を眺めていて疑問に思うことを、日本語ペラペラの先生にドシドシ聞いていく。料理の先生だけに、「フライがおいしいよ」など、充実したお答えにも満足だった。買い物を終えると教室に戻り、代表的な料理を作る。この日は定番のグリーンカレー、豚肉の揚げ物など3品。

こういった観光客向けのお手軽料理教室は、タイのほか観光客の多い国で開催されていることが多い。料理好きはもちろん、ありきたりの観光だけじゃつまらない人、自分たちだけで市場に行くのはちょっと抵抗がある人などにオススメ。

まずは習ったタイ語を駆使してローカル市場で買出し

タイ料理には欠かせないコブミカンの葉っぱもお買い上げ

こちらがグリーンカレーの材料。丸い緑のナスがポイント

いざ、調理開始。先生に手取り足取り教えてもらう

タイ料理のできあがり! 自分で作るとおいしさ3割増し

スミタカルチャーセンター（Sumita Culture Center）

住：1521/3 Sukhumvit Rd. Bangkok, Thailand
Tel：0-2714-0809
交：BTSプラカノン駅下車、1番出口を降りてすぐのところにあるタイシンスクエアの奥の建物
料：半日コース2000バーツ〜（＝約5400円）
HP：http://www.sumitaschool.com/（要予約）

カワイイ！に出会える市場

かわいくて、手ごわい東南アジアの雑貨市場

外ではローカルな空気が漂っている。昔よりだいぶ数は減ったとはいえ、すげ笠姿の人も多い

上／ベンタイン市場の内部。バッグや靴、帽子やTシャツの店が多い　右／中国っぽいエッセンスの入ったポーチ。ある程度数をまとめたほうが値引き交渉しやすい

【ベトナム／ホーチミン】

ベンタイン市場・ビンタイ市場

ベトナム雑貨がカワイイという印象が根付いたのは、いつ頃からだろう。女性ファッション誌で「ベトナム雑貨めぐり」なんていう記事も見かける。けれど私にとってベトナムというのは、「カワイイ」よりもむしろ「手ごわい」の印象が強い。なにしろベトナムは、悪名高きベトナム戦争で、あのアメリカに負けなかった国。もちろん買い物だって一筋縄ではいかず、旅人の中には「東南アジアで一番ボラれる国」と言う人もいる。

そんなベトナム・ホーチミン最大規模の市場がベンタイン市場だ。生鮮食品の露天は市場の周囲で開かれ、体育館のような建物の中は、観光客向けのお土産物と麺や軽食などの屋台で占められている。ベトナム国旗がプリントされたTシャツ、キラキラしたバッグ、靴などなど。お店からはみ出さんばかりの商品の山と、暑い気候のせいで、市場は熱気でムンムンしている。

お土産物市場で大切なのは、おのれの審美眼だ。「ベトナム」とプリントされたいかにもお土産物っぽいTシャツが入ったカゴや、山積みになったバッチャン焼き（ベトナムの代表的な焼き物）の中に、1点ぐらいは好みのものが埋もれているはず。

私の目が光ったのは、バッチャン焼きの塩・コショウ入れセットだ。マヌケな顔がついていて、脱力系のかわいさがある。さっ

フランスの植民地だったベトナムは、フランスパンがおいしく、ひとつ30円〜50円程度

上／ビンタイ市場の中の魚屋さん。ベトナム女性はよく働く人が多い　下／八百屋さん。生ハーブの充実っぷりに目を見張る

ビーチに似合う、キラキラ系サンダルも充実

そく「10万ドン」「いや5万ドン」と、ジリジリ値段交渉していった。けれど敵もさるもの、こちらの「買いたい」思いが強いほど、足下を見て値下げに応じない。私の常套手段、「だったらいい」とプイと店を出ると、お店のおばちゃん（ベトナムの市場で働くのはほとんどが女性だ）が追いかけてきた。手をつかまれ、「オーケー」のお言葉。お、最終値の5万ドンでいいんだね、とお財布を出そうとすると、「8万ドンでオーケー」だと！　最後はもう面倒で、6万ドンで手を打ったトホホな私。

一方、もっとローカルな市場が好みの人には、チョロンのビンタイ市場がオススメだ。吹き抜けになった市場の中には、これまた日用品や雑貨が山積みだが、その多くがローカル向け。ビニール製のマルシェバッグ、カラフルなホーローの器など、探せばチープかつキュートな雑貨もある。しかもこちらのほうが観光客向けのベンタイン市場よりもお買い得だと言われている。

ブラブラ流していると、私が昨日買ったあの塩・コショウ入れセットと同じものを見つけてしまった。ためしに値段を聞いてみると、「20万ドン」。昨夜のベンタイン市場の倍！……やっぱりベトナムは手ごわいなあ。でもその手ごわさこそ、ベトナムの味。陰で「今日はボッてやったぜ！」とイヒヒと笑っていそうなベトナム人って、ちょっとカワイイかも？なんて思ったりする。

HO CHI MINH, VIETNAM

【ベトナム／ホーチミン】
人口：約624万人（2005年）

ベンタイン市場（Cho Ben Thanh）

住：Le Loi Boulevard, District 1, Vietnam（Ham Nghi、Le Loi、Tran Hung Daoという3本の通りの交差点）
営：6:00〜18:00頃（店により異なる）
休：なし
交：ベンタイン市場は市民劇場から徒歩約10分。ビンタイ市場はそこから5キロほど離れたチョロン地区、バスステーションの向かい。ベンタイン市場前から、チョロン行きのバス、ミニバスが出ている
広：ベンタイン市場の建物自体は100m×100m程度だが、周囲にも露天が広がる。ビンタイ市場はもう少しコンパクト
見どころ ベトナム風のお土産物、商魂たくましいベトナム人、疲れたら屋台で一休み

▶お土産度
建物内の多くがお土産物屋さん。ただし周囲には生鮮食品のお店もある。

▶ローカル度
建物外のほうがローカル度が高い。

▶アクセス度
ベンタイン市場は市内の中心地にあり、観光にも組み込みやすい。ただしビンタイ市場のほうは中心地から約5キロほど離れている。

▶危険度
凶悪犯罪はさほど心配する必要はないが、スリが多い。ポストカード売りの子どもは要注意。

▶自炊度
食料品店も多いが、周囲には屋台やレストランも多く、旅行なら外食のほうがおトク感あるかも。

▶屋台度
建物内部の一角は屋台が集まるフードコートになっている。ただし暑いベトナムでは飲み物などに氷をよく使うが（ビールにも氷を入れる！）、おなかの弱い人は、警戒したほうがいい。

アオザイ作りは到着後すぐに！

女性でベトナムに行く方は、ぜひアオザイを作ってみては？ 観光ツアーなどでは生地と仕立が一緒にできるお店に行くことも多いようだが、そういうお店は得てして割高なもの。ベンタイン市場で生地を買って、テーラーに持ち込んだほうがお得だし、何よりじっくり自分の好きなものを作れるというメリットがある。市場内でも外のお店でも、アオザイの生地を売っているお店はたいていごひいきのテーラーを紹介してくれる。急いでもらえば24時間〜36時間程度で完成するお店が多い。ただしできあがってみてリサイズが必要なこともあるから、「絶対アオザイが欲しい！」と思っている人は、ベトナム到着後すぐにアオザイ作りに出かけるべし。

まずは生地屋さんで生地をゲット。遠慮せず、どんどん体に当ててみよう

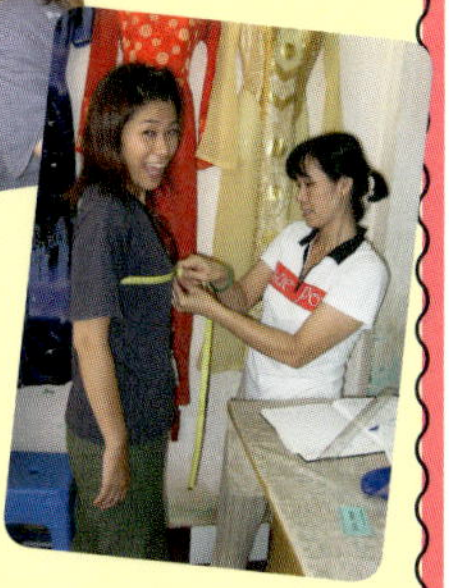

テーラーでは細かいサイズ測定が。必要なんだけど、ちょっと恥ずかしい……

こちらが仕上がったアオザイ。仕立て代込みで25USドル。生地によって値段は変わる

カワイイ！に
出会える市場

ラオス人の純情に触れる幻想的な民芸品夜市

裸電球が連なる夜市。売り手＝作り手で、手先の器用なモン族の女性が多い

【ラオス／ルアンパバーン】ナイトマーケットほか

「なんだか……日本と似てる？」

初めてラオスの古都ルアンパバーンに行ったとき、そう思った。ルアンパバーンは悠々と流れるメコン河沿いにあるのんびりした田舎町。世界遺産の古都だが、実際は未舗装の道も多いのどかさだ。この風景が日本と似ているかといえば、表面的には似ていない。ちなみにラオスは平均年収が(月収、ではない)350USドルと言われる、東南アジアの最貧国のひとつ。

ルアンパバーンはラオス随一の観光地とあって、毎夜メインストリートでナイトマーケットが開かれる。夕刻、中心地にあるホテルにチェックインして窓を開け、私は歓声をあげた。屋台の合間から裸電球が点々と連なる風景は幻想的で、おとぎ話の夜市のよう。そしていざ市場に行って、私は再び興奮した。

目につくのは民芸品、しかもお土産にぴったりの布モノばかり。並ぶのは絹織物のタペストリーやベッドカバーなどの大物。モン族のモチーフをあしらったスリッパやクッション、刺繍小物などなど。お店の多くは器用なことで知られるモン族の女性が店番をしていて、織物や縫製のレベルは驚くほど高い。

「これ、いくら？」いかにも田舎の少女といったポニーテールの女の子に、びっしりクロスステッチが施されたポーチの値

コレ、お買い上げ！

この市場では、例えばランチョンマットや小さなポーチなら1ドル、2ドルで購入可能。そこに施された手仕事を見ても、かなりコストパフォーマンス高し。布製品好きは、ぜひ！

4ドルポーチ。模様はモン族お得意の、ものすごく細かいクロスステッチ。モン族の模様にはそれぞれ意味がある

クッションカバー5ドル。2枚の布を重ね、下の地を見せて手縫いでまつったリバースアップリケで模様をつけてある

モン族のお店が多く、散歩がてらブラブラ眺めているだけでも楽しい

絹織物のタペストリーを売る美女。赤地＋金糸という組み合わせが一番多い

アップリケのふかふかスリッパ（4USドル）はモン族の伝統柄をアレンジ

市場で見かけた仲良し親子。他の人に比べてぐっと現代的なおしゃれさんに見える

夕方から出る食べ物系の屋台市場にて。こちらは地元の味、豚&鶏のロースト

なまず売りのおばちゃん。女性の多くが筒型の長スカート「シン」を着用

朝の托鉢風景はルアンパバーンの風物詩&観光のハイライト。観光客の姿も多い

朝もやの中のハーブ売り露天。パクチー、レモングラスなどタイ料理でおなじみのものからニンジンの芽まで種類豊富

隣国のタイと同様、ラオスでも活躍する「トゥクトゥク」。タイ同様、暑いときは中で休憩

段を聞いてみた。明らかに観光客向けの民芸品市場では、値段を聞くのに勇気がいる。たいていはふっかけられるからだ。けれど少女がはにかみながら答えてくれたのは……。

「ひとつ4ドル、ふたつで7ドル」

あらら、そんな正直な値段でいいの？　細かい刺繍はどんなに裁縫がうまい人でも、1日2個作るのが限界だろう。だけど依然少女ははにかみ続けている。これまで世界各地でボラれてきた私は、ラオスの人って、いいかも！　と思った。そうして私は結局両手にどっさりと民芸品を抱え、ホクホクしながら市場を後にした。

托鉢の後に現れた、ノスタルジック露天市

ルアンパバーンは、托鉢が有名だ。毎朝6時過ぎ、鮮やかなオレンジの袈裟《けさ》をまとった少年僧たちが、鉢を手に列を作って街を静々と歩く風景は、さすが古都の趣きがある。地元の人たちは彼らのために、もち米やおかずを鉢の中に入れる。そうして托鉢の列が行ってしまうと、彼らは三々五々散っていった。

托鉢のあと、なんとなく人気《ひとけ》の多いほうにいくと、地べたに布を並べた露天市が開かれていた。山積みになったハーブ類は、お隣タイに近づくほど種類が多い。メコン河でとれたなまずもあれば、お惣菜を売る店も。ここもまた女性ばかりで、ラオス

LOUANG PHABANG, LAOS

【ラオス／ルアンパバーン】
人口：約5万人（推定）

ナイトマーケット（Night Market）

住：Sisavangvong Rd, Louang Phabang, Laos
営：17時ごろから店始め、22時過ぎには店じまい
休：なし（店により異なる）
交：市内中心地にある。メインストリート沿いに宿をとれば、徒歩圏内
広：200mほどに渡って、露天が続く
見どころ 手しごとがなされたお土産物。ライトアップされた市場の幻想的な雰囲気

▶お土産度 ●●●●●
民芸品の露天が200mに渡って連なる。布製品が圧倒的に多く、ちらほら木工品や雑貨なども。

▶ローカル度 ○○○○○
ほとんどが観光に来た外国人。ただし売り手はモン族の女性が多く、民族衣装を着ている人も。

▶アクセス度 ●●●○○
ルアンパバーンの街のメインストリートで開催される。ただしルアンパバーンに行くまでがちょっぴり大変。日本からラオスへの直行便はなく、バンコクなどで乗り継ぎ。

▶危険度 ●○○○○
ラオスは想像するより治安はいい。ナイトマーケット内で怖い思いをすることはないだろう。

▶自炊度 ○○○○○
生鮮品などは置いていない。自炊したい人は、午前中に露天市へ。

▶屋台度 ●○○○○
ところどころに軽食、コーヒーなどを売る屋台がある程度で、期待しないほうがいい。レストランで食べた後に、夜散歩がてらブラブラ、が楽しい。

※ちなみに取材当時（2008年）、ラオスではUSドルが流通していた。2009年に建前上、禁止に。

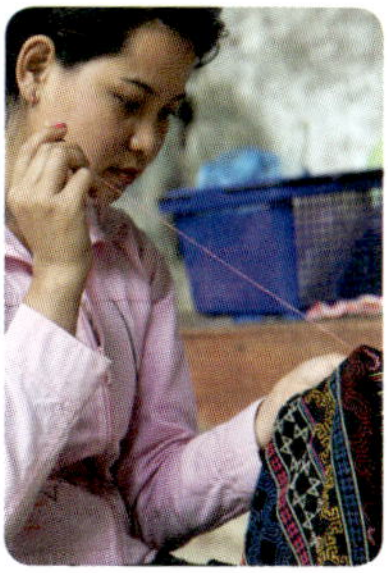

上／ダイナミックなみかんの山！このあたりは農作物も多く、豊かさすら感じた　右／道端で出会った、民芸品製作中のモン族美人。本当に一針一針手で縫っていた

の男性は何をしているんだ！と思いつつダンナを見ると、彼は夢中でシャッターを切っていた。「こんなに素朴な市場って、ほかであんまり見たことないよね」。そうして見ていると、やっぱり彼女たちははにかむのだ。カメラを見せると、恥ずかしそうにうつむき、そして照れながら笑う。

この感じ知ってる！と思った。それは日本人がカメラを向けられたときの反応に似ていた。そうして私は気づいたのだ。ラオスと日本は、「人」が似ているのかもしれない。注目を浴びるとはにかむ「奥ゆかしさ」。細かい裁縫をコツコツとやる「根気」。大げさにぼったりできない「誠実さ」などなど。

「日本の昔って、きっとこんな感じだったんだろうね」。ダンナの言葉に、私は深く深くうなずいた。

市場ギャラリー ❷

かわいい市場
〈ウズベキスタン〉

本文はP.128へ☞

カワイイ！に出会える市場

世界最大の骨董市 ごった煮ロンドンがここに

【イギリス／ロンドン】
ポートベロー・マーケット

世界最大の骨董市と言われているロンドンのポートベロー・マーケット。開催されるのは毎週土曜日で、１５００とも言われる出店が並ぶエリアは、とにかく広い。早朝から集まってくる出店の奥には普通の路面店も開店していて、周囲一帯はまるでお祭騒ぎだ。

出ている骨董品テントは、いかにもロンドンな品揃え。ティースプーンのセット、ロンドン塔を描いた油絵、クラシカルなランプなど。早朝にはプロのディーラーも足を運ぶという。ここは「骨董市」の名目はあるものの、出店は骨董品にとどまらず、生鮮食品、アクセサリー、手作り雑貨など様々。チープシックなアジア雑貨屋さん、その横には自然食品と手作りパンを売るお店など、お店も個性豊かだ。そして周囲を見渡すと、多種多様な肌の色、髪の色をした人たちが歩いている。「ちょっと近所に買い物に」という雰囲気のおばちゃんからカメラをぶ

LONDON, ENGLAND

【イギリス／ロンドン】
人口：約770万人（2009年、推定）

ポートベロー・マーケット
（Portobello Market）

住：Portobello Road, London, United Kingdom
営：土5:30〜17:00
休：日〜金
交：通りの南側から行くならNotting Hill Gate駅下車、北側から行くならLadbroke Grove駅下車、どちらも徒歩3分程度。バス7・12・23・27・28・31・70・94・328でもアクセス可能
広：1キロ近くに渡り路面店、屋台が続く
HP：http://www.portobelloroad.co.uk/
見どころ 骨董品、アーティストたちの手作りの品、野菜やパン、多種多様な民族模様

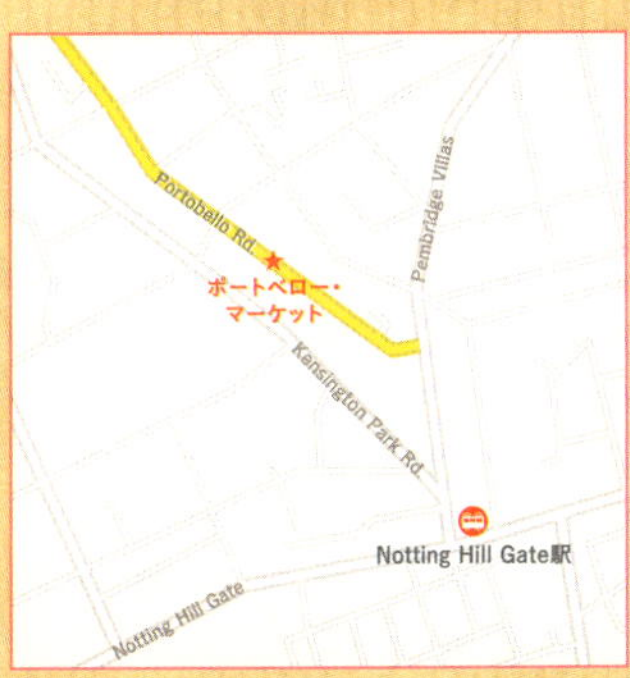

▶お土産度 ★★★☆☆
アンティークが好きな人には、きっとお宝の山。ただし値段は交渉によって、決して安くないことも。

▶ローカル度 ★★☆☆☆
早朝はプロも訪れるらしいが、日中は観光客もかなり多い。

▶アクセス度 ★★★★☆
地下鉄の駅からも近く、アクセスしやすい。

▶危険度 ★★★☆☆
時間、季節によってかなりの人ごみになるので、スリ、置き引きなどに注意。

▶自炊度 ★★★★☆
野菜、チーズやジャムなどの加工品、パンの店などおいしそうな食材がいっぱい。

▶屋台度 ★★★☆☆
ドネルケバブ、シシカバブ、ケイジャンチキンなど、移民の多いロンドンの定番ファーストフード店などがある。また、ひと息つきたいときはカフェへ。

上／オリーブを計り売りするお店。各国から食材が集まる　下／60'sな柄モノのリメイク・バッグを扱うお店。ポーチなど小物をお買い上げした

しっかりとイギリス国旗マークが入った黒いゴミ袋。日用品なのに、カワイイ

野菜などの生鮮食品の店も多く、買い物カゴ片手に訪れる近所の人の姿も

レトロなBMVも売り物。フロントガラスにオーナーの連絡先が書いてあった

ら下げた観光客まで、そのごった煮感がたまらなく楽しい。

ブラブラ眺めながら歩いてみると、値札つきのお店が少なくないことに気づいた。買い物自体はしやすくなるが、やっぱり市場の醍醐味は、お店の人とのやりとりだ。私は古書、紙モノを扱うお店で、1枚1ポンドのレトロなポストカードを5枚選んだ。そうして気難しそうなお店のおじさんに聞いてみた。

「Buy 5 Get 1 Free, OK?」

イギリスではよく「○個買ったらひとつはタダ」というセールが行われていて、それをアレンジしてみたのだ。英語はいい加減だが、通じればOK。果たして気難しいおじさんは……チラリとこっちを見て、こっくり頷いてくれた。大きくても小さくても市場は市場に変わりないと思った瞬間だった。

カワイイ！に出会える市場

地球の裏側の骨董市で「手付かず」を探して

【アルゼンチン／ブエノスアイレス】サンテルモの骨董市

なかなか2度目に行く機会がないけれど、どうしても忘れがたい街がある。アルゼンチンの首都ブエノスアイレスだ。「南米のパリ」と呼ばれるこの街は、パリに引けをとらない美しさがある。路上で絵が売られていたり、センスのいい壁画があったり、街と芸術が溶け合ったオシャレな香りが漂っている。

市の南側にあるサンテルモ地区では、毎週日曜日に骨董市が開かれている。石畳に覆われたシックな街には、そこだけお祭のように人が集まっていた。中央の広場にはステージがあり、美しい肢体のタンゴダンサーに、人々の注目が集まっている。いかにもブエノスアイレスらしい、上品で華やかな賑わいだ。

広場を囲むテント街は、本当に骨董品だらけだ。クラシカルなランプを吊るしたお店もあれば、レトロな薬ビンが並んだお店もある。歩行者天国沿いには年代ものの電話や振り子時計を店頭に出した、雰囲気のいい店舗型の骨董品屋さんが目につく。

上／骨董市の一等地で踊っていたタンゴダンサー　左／街のいたるところで壁画を見かける

骨董市の通り沿いにあった、オシャレなインテリア・ショップ

骨董市はご覧のとおりの混雑ぶり。店の数も多い

見ているとガラクタももちろんあるが、中にはかなりコンディションがいいものもある。そしてその多くが、ヨーロッパの香りがぷんぷん漂っている物ばかり。ブエノスアイレスにはイタリアを筆頭にヨーロッパからの移民が多く、しかもかつては知られざる経済大国だった。はるか祖国を思って大切に使われてきた品々には、移民たちの望郷の思いが込められている。

見ていると、ヨーロッパからのバイヤーとおぼしき人もちらほらいた。のちのち調べたところ、ブエノスアイレスは「骨董界の最後の秘境」として、プロの骨董商も赴く場所だという。

秘境は秘境のままでいてほしい——私はそんな旅人特有のワガママな思いを持ちながら、いま地球の裏側にあるブエノスアイレスの賑やかでノスタルジックな骨董市を思い出している。

BUENOS AIRES, ARGENTINA

【アルゼンチン／ブエノスアイレス】
人口：303万人（2007年）

サンテルモの骨董市
（Feria de San Pedro Telmo）

住：Plaza Dorrego, Humberto I y Defensa, San Telmo, Buenos Aires, Argentina
営：日10:00～17:00
休：月～土
交：Defensa通り沿い、Dorrego広場周辺
広：300m×300m程度のエリア
HP：http://www.feriadesantelmo.com/（スペイン語のみ）
見どころ 骨董品、大道芸人、タンゴダンサー

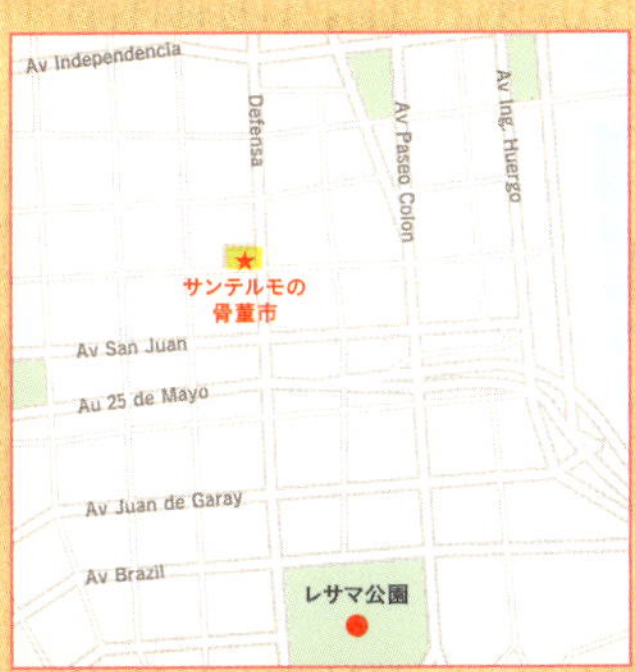

▶ お土産度
骨董品は切手やコイン、キーホルダーなどの小物から、ランプ、家具などの大物まで幅広い。ただし1点ものがほとんどで、値段は要交渉。

▶ ローカル度
地元の家族連れなども見かけるが、夏場はヨーロッパからの観光客なども多い。

▶ アクセス度
市内の中心地にあり、アクセスは便利。ただし日本の裏側に近いブエノスアイレス自体が遠い。アメリカなどを経由していくのが一般的。

▶ 危険度
かなり人出が多いので、スリには注意。また、夕方～夜のひとり歩きも要注意。

▶ 自炊度
生鮮食品はない。

▶ 屋台度
人出のわりに、屋台系は少ない。チュロスの屋台が出ている程度。おなかがすいたときは近くのカフェ、レストランへ。ただしお昼頃は混雑するお店も。

まだまだある！

世界カワイイ市場リスト

ほかにも世界にはカワイイものが見つかる市場がたくさん存在する。その地ならではの雑貨・民芸品に出会える市場をリストアップ。

A アネックス・ヘルズキッチン・フレアマーケット
Annex / Hell's Kitchen Flea Market

【アメリカ／ニューヨーク】

ニューヨーカー気分でお宝ハンティング

ニューヨークでは週末になるとあちこちでフリーマーケット（現地では「フレアマーケット」と言う）が開催される。なかでもここは規模が大きく、ガラス製品、衣料品、陶器、家具などの露天が道に沿って並ぶ。ニューヨークだけに？ 一見ボロッちいガラクタの山の中にもキラリとセンスが光る掘り出し物があったりして、交渉次第でかなりチープなお買い物ができる。何より、ニューヨーカー気分でそぞろ歩きが楽しい。

住：West 39th St. bet. 9th & 10th Ave., New York, U.S.A.
営：土・日9:00〜18:00
休：月〜金
交：42St. A・C・E線で42nd Street／Times Square駅下車、徒歩8分
広：200mほどの通り
HP：http://hellskitchenfleamarket.com/

B ボージョー・アウンサン・マーケット
Bogyoke Aung San Market

【ミャンマー／ヤンゴン】

知られざる宝石＆布パラダイス

ミャンマーの首都ヤンゴンにある市場。建物内は観光客＆お金持ち向けのお土産屋さんがメイン、場外は庶民向け衣料品、雑貨店が多い。ミャンマーは知られざる宝石＆淡水パール大国で、お土産エリアにはアクセサリー店が多い。日本人には派手なデザインも多いが、淡水パールはシンプルで安く、オススメ。またロンジーと呼ばれる柄あり布を扱う店も多く、洋服に仕立てることもできる。お国柄か、どこかのほほんとした雰囲気。

住：Bogyoke Aung San Road, Yangon, Myanmar
営：9:00〜17:00（店により異なる）
休：祝日、満月と新月の日（月2回程度）
交：Bogyoke Aung San Road沿いにあり、市内の中心地にほど近い
広：200m×200mほどのエリア
HP：http://www.bogyokeaungsanmarket.com/

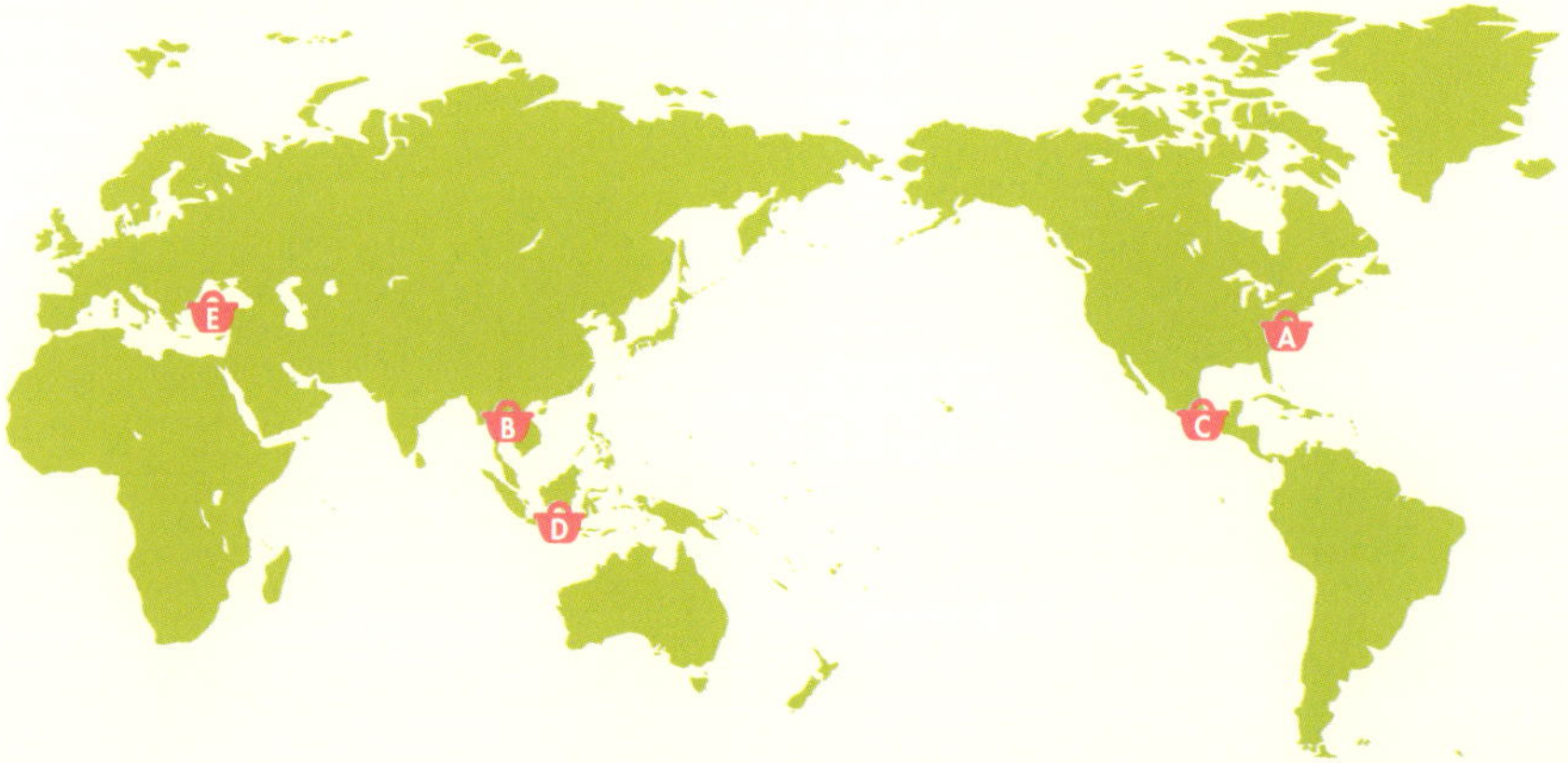

E

グランドバザール
Grand Bazaar

【トルコ／イスタンブール】

アラブ&中央アジア
お土産物の総決算

ヨーロッパとアジアの架け橋トルコにある、その名のとおり巨大な市場。屋根付きの立派な建物は迷路のように入り組んでいて、両サイドに4000軒とも言われるお土産物屋さんが並ぶ。衣料品、陶器類、革製品、カーペット、宝石、金銀細工など、売られているものも多種多様。いわば中央アジア～アラブ世界のお土産物の総決算市場だ。個人的に目がハートになったものは、びっしりと模様が書き込まれたカラフルな絵皿やタイルなどの陶器。ヨーロッパの上品さとアジアの土っぽい感じがミックスされた感じがキュート。またじゅうたんやギャベ、キリムなどは各地から集まっていて、種類もサイズも豊富。

ただし相手は百戦錬磨の商人たち。交渉も客引きも一筋縄ではいかない押しの強さがあり、値段も決して安くはない。大物を買うときは熟考&粘り強い交渉を。建物の雰囲気は非常によいので、最初は買い物よりも観光気分で迷いながら散策するのがいいかも。

住：Beyazit Gate, Istanbul, Turkey
営：8:30～19:00（店により異なる）
休：日
交：トラムのBeyazit駅から徒歩2分、Cemberlitas駅から徒歩5分
広：約3万m²、約4000店

D

ウブド市場
Pasar Ubud

【インドネシア／バリ島】

バリ雑貨の集結地
朝はローカルな顔に

バリ島ウブドの中心地、王宮前にある2階建の市場。おなじみのバリ雑貨を扱うお店が軒を連ねる民芸品市場で、現地ツアーなどでも立ち寄ることが多い。バティックやビーチウェアなどの衣類、アクセサリーや絵画、木工品など、バリ島の定番お土産物はほとんどここで手に入るから、帰国間際にまとめ買いするのもあり。

オススメは籐や竹で編まれたカゴバッグやインテリア小物。私はここでランチョンマットを購入、5年間愛用しているが、いまだにボロは出ていない。

値段は交渉制で、日本人とわかるとスタート価格からふっかけられることも多い。中には日本語が上手でかつ強引な売り手もいるから、心に余裕を持って交渉を。裏技だが、中国人のフリをすると最初の言い値からして違う（!）。

もっとローカル感を味わいたいのなら、生鮮食品などの露天が多く出ている午前6時～9時がねらい目。カゴの上に野菜や旬のフルーツを並べたお母さんたちが集っていて、昼とは一味違った素朴な一面が見える。

住：Jl. Raya Ubud, Ubud, Gianyar, Bali, Indonesia
営：早朝～17:00（お土産物は8:00～、店により異なる）
休：なし
交：ウブド王宮正面にあり、市内の中心地
広：100m×100mほどのエリア

C

シウダデラ市場
Mercado de la Ciudadela

【メキシコ／メキシコシティ】

色にあふれたメキシコ雑貨
大人買いするならここ

メキシコは民芸品の宝庫。メキシコシティにはそれらを扱う民芸品市場が点在するが、中でもオススメはここ。バラックが碁盤の目状に並ぶ屋内スペースには200店とも言われる小売店が並び、タコスなどを食べられる食堂もある。カラフルなエスニック民芸品が好きな人ならここは宝の山。しかも旅行者もさほど多くなく（私はハイシーズンの日中に行ったが、お店の人は明らかにヒマそうだった）、交渉次第ではほかの民芸市よりも安く買える。そのうえメキシコ全土から民芸品が集まっていて、品揃えも豊富。私は蛍光色が織り込まれた中南米でおなじみのストライプ毛布、カラフルな絵皿、ソンブレロ（メキシコ風のつばが大きい帽子）型の灰皿、ビーズのポーチ、キーホルダーなどなどを購入（けっこう買っている）。ほかにも銀細工、皮製品、Tシャツ、鉄でできたインテリア製品、絵画、ハンモック、刺繍入りの民族衣装……と眺めているだけでも楽しい。同じようなものを扱うお店も多いから、よく見比べてから交渉を。

住：Plaza de la Ciudadela y Balderas No.1 y 5, Mexico City, Mexico
営：10:00～18:00（店により異なる）
休：なし
交：メトロ1号線のBalderas駅から北に徒歩5分。黄色い壁が目印
広：100m×100m程度
HP：http://www.laciudadela.com.mx/

市場で買った、お気に入り

市場での楽しみのひとつ、お買い物。うっかりお買い上げした各地のお土産集。

「フェズブルー」のタジン鍋
約1500円 @モロッコ

バッチャン焼きのカップ
約200円 @ベトナム

総手書き！の小物入れ
約3000円@ウズベキスタン

口が光る！ オウム型ペン
約100円 @メキシコ

ベルベル人のカーペット
約2000円 @モロッコ

モン族の手縫いポーチ
約250円 @タイ

市場豆知識 ❷ 世界の「いくら？」

お買い物の第一歩は値段を聞くこと。せめて最初だけでも現地語を話せれば、売り手も「お、あなどれない！」と思ってくれる……ことに期待して、世界各国語の「いくら？」を覚えよう。

- □ 英語 ⇒ 「ハウ マッチ？」
- □ スペイン語／イタリア語／ポルトガル語 ⇒ 「クワント クエスタ？」
- □ フランス語 ⇒ 「コンビアン？」
- □ ドイツ語 ⇒ 「ヴァス コステット？」
- □ ロシア語 ⇒ 「スコーリカ ストイット？」
- □ アラビア語 ⇒「ビキャム ハーザ？」
- □ 中国語 ⇒「ドーサォチェン？」
- □ 韓国語 ⇒「オルマエヨ？」
- □ タイ語 ⇒「タオライ？」
- □ マレー語／インドネシア語 ⇒ 「ブラパ？」
- □ スワヒリ語 ⇒ 「ベイガーニ？」

バブーシュ
（スリッパ）
約700円
＠モロッコ

絵付きの
コンセントカバー
約250円 ＠メキシコ

星型キーホルダー
約120円 ＠メキシコ

マサイ族の
アクセサリー
＠タンザニア

花柄の
青白陶磁器
約100円 ＠タイ

女顔のだるま
約80円
＠ミャンマー

ウイチョル族の派手柄ブタ
約1200円 ＠メキシコ

丸い形がかわいいココタクシー
約120円 ＠キューバ

一種入魂、
専門店市場

観光地そばの日常「男だって花が好き！」

【フランス／パリ】
シテ島の花市

シテ島の花市は、パリ随一の観光名所ノートルダム大聖堂のそばにありながら、おやっと思うほど地味な佇まいだ。「パリの花市」のオシャレなイメージとは裏腹に、ホームセンターの園芸コーナーの雰囲気に限りなく近い。そのせいか、ここには浮ついた気配がない。ひな壇上に並んだ鉢を見ながら、老夫婦がゆっくり歩いていく——そんな場所だ。

旅人にとっては便利な場所にあり、常時開かれているとあって、私はパリに行くたびにこの花市に立ち寄る。季節ごとの花のラインナップは、一見日本と大差ない。屋外には季節の花鉢が置かれ、屋内には蘭や観葉植物が品よく並べられている。

けれどよくよく見ると、そこには文化の差がほんのりと漂っている。春にはズッキーニの苗が安売りされていて、冬には本物のもみの木が並んでいた。何を隠そう私はここで初めて「本物のもみの木は案外背が低い」ということを知った。屋外に並

シックな雰囲気がいい、
クリスマスのリース

上／温室の前に背の低いもみの木が。オーナメントもたくさん売っていた　下／カラフルな園芸用のバケツ。店によってそれぞれ小物のテイストも違う

「園芸センター」という雰囲気。値段は日本と同じか、ものによってはやや高い

PARIS, FRANCE

【フランス／パリ】
人口：約217万人（パリ市、2007年）

シテ島の花市（Marché aux Fleurs）

住：Bd.Richard Lenoire 11e, Paris, France
営：8:00～19:30
休：月
交：メトロ4号線cite駅から徒歩2分
広：50m×50m程度
見どころ　ガーデニング・グッズ、のんびり物色するお客さん

▶ お土産度
ガーデニング・グッズは種類豊富。ただしお店によってはセンスにバラつきがある。植物類は特定のものを除いては日本への持ち込み不可。種はOK。

▶ ローカル度
観光途中にフラッと寄りましたという人がちらほらいる程度。

▶ アクセス度
ノートルダム大聖堂に近く、観光のついでにもってこい。

▶ 危険度
のんびりとした雰囲気。人が多い時はスリに注意。

▶ 自炊度
食料品は売られてない。種を買って、地道に育てる!?

▶ 屋台度
屋台はない。ノートルダム寺院の前にはいくつかカフェがある。

んだもみの木には、ほとんど幹というものがない。中には最近のトレンドなのだろうか、葉をふわふわした綿状の素材でコーティングした、真っ白や真っ赤のニセ物っぽいもみの木もある。

そんな雰囲気だから、お店の人もあまり愛想がない。けれどせいぜいガーデニング小物を買うしかない旅人にとっては、それがむしろ心地よい。ただブラブラしているだけでOKだ。

そうして花市にいると、毎回気づくことがある。意外にも男性ひとりのお客さんが多いのだ。安売りになった花束をこなれた手つきで2つ3つと選んでいる男性を見ると、しみじみ「いいなあ」と思ってしまう。それがいかにも日常的な風景だから。文化の違いは、商品よりも、そこにいる「人」に表れる。

パリの街、そしてパリの男性は、本当に花市がよく似合う。

一種入魂、
専門店市場

帆船行くアフリカの魚市場
縁の下の力持ち、は誰？

【タンザニア／ダルエスサラーム】

ムジジマ魚市場

帆船がどこからともなくスーッと港に入ってきた。ここは東アフリカ、タンザニア最大の都市ダルエスサラームの魚市場。照りつける太陽のもと、砂浜から続く市場ははちきれんばかりのパワーにあふれている。船から魚を下ろす労働者たち、バケツをひっくり返したイスで作業するアフリカンママたち、そして生々しい匂いを放つ魚の山。魚市場は世界的に見てもポピュラーな専門市場だが、世界中に探してもこれほど人が多く、野性味あふれる魚市場は、なかなかお目にかかれないだろう。

　アフリカというと肉食のイメージがあり、実際そのとおりだが、インド洋に面したこの魚市場ではとにかく魚・魚・魚だ。アジ、イワシから巨大なクエまで、種類は決して少なくない。もちろん赤道直下にある国だけに、日本では見たこともない魚も。

　眺めていたら、市場の構造は実にうまくできていることに気づいた。魚にまつわる一連の作業が一ヶ所でスムーズにできる

DAR ES SALAAM, TANZANIA

【タンザニア／ダルエスサラーム】
人口：約250万人（推定）

ムジジマ魚市場
（Mzizima Fish Market in Dar es Salaam）

住：Fish Market, Kivukoni Front, Dar es Salaam, Tanzania
営：早朝〜夕方（午後も開催している）
休：日
交：キブコニ・フロント沿いにあり、市内中心地から徒歩20分程度
広：施設は100m×100m程度。水揚げ時には人も多く、かなりの広さを感じる
見どころ 山積みになった魚、内臓を出す作業をしている人々、陽気な売り子、隣接したレストラン

▶お土産度
基本は魚のみ。一部観光客向けに貝殻やサンゴ、剥製のフグなどを売る店がある。

▶ローカル度
地元の人が大勢作業していて、アフリカらしいパワフルさを感じられる場所。

▶アクセス度
市内中心地、フェリーターミナルからのバスで10分程度。のんびり歩いて20分ほど。

▶危険度
もともと観光客向けの市場ではないため、スリなどは観光地に比べて多くないと思われる。ただしダルエスサラームの街自体、スリ、強盗などの犯罪が増えているので注意が必要。

▶自炊度
多種多様な魚が揃っている。ただし熱帯気候の中、長時間屋外に置いてあって鮮度が下がった魚も。日本人的には見極めが必要。

▶屋台度
隣接して屋台街があり、フライにした小魚などが食べられる。アレコレ食べたが、私は特に健康に問題はなかった。

日本では高級魚として知られるクエも販売中。売り手のお兄さんと魚の顔が似ているのは、気のせい!?

右ページ左上／ブダイのような魚を持ってハイ、ポーズのお兄さん。いかつい顔だが、親切だった　右上／市場と船着場は隣接していて、ごらんのとおりの人だかり　左下／原色の布をまとったママたち。みんなコンクリートの地べたで魚の下処理をしている。ここもすべて日本のODAによって建てられた　右下／昔ながらの帆船。もちろん現役で活躍中

左／もうもうと煙があがる調理スペース。太い薪がくべられた、原始的なキッチン　右／ママたちがチャパティ（インド風クレープ）を焼く

のだ。まず目の前の港で水揚げされた魚は、そのまま隣で内臓を取るなどの下処理をされ、続いて屋根のついたスペースで販売される。しかも奥には屋内の調理スペースもあり、買った魚をそこで調理してもらうことも可能だ。

建物もキレイだし、できたばかりなんだろうか。そんなことを考えながら市場を出ると、ゲートについた金色のプレートに、「JAPAN」の文字が並んでいるのが見えた。

よく読むと、なんとこの魚市場は、日本のODA、すなわち私たちの税金で建てられたものだった。日本からはるか遠いタンザニアと日本が、この魚市場でつながっているとは！　不思議な縁と誇らしい気持ちを感じながら、私は魚市場を後にした。

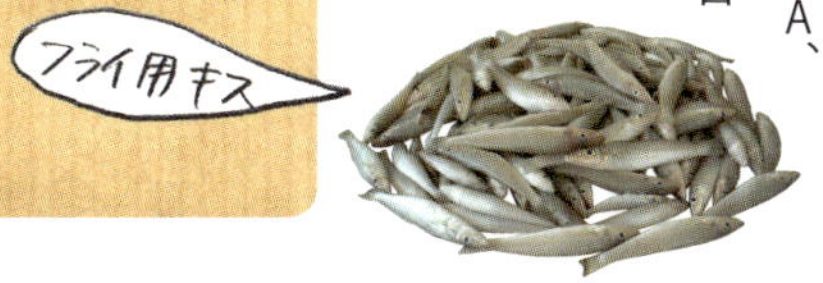

一種入魂、専門店市場

ミイラ、薬草、置物……魔女御用達ストリート

【ボリビア／ラパス】

魔女市場

世界には、「え、本当に？」と目を見開いてしまうようなビックリ市場がある。その名もずばり、「魔女市場」。

「魔女市場」があるボリビアのラパスは、標高３６５０ｍ、世界一高いところにある首都だ。街は教会あり、広場あり、石畳の道あり……と造り自体はスペイン風だが、街中に布を広げただけの露天が出ていて、いかにも第三国の首都といった賑わいだ。その中を闊歩するインディヘナ（先住民族）のおばちゃんのルックスも個性的。ボリュームのあるスカート、原色ストライプのふろしき、長いおさげヘアに小さめのシルクハットという格好は、どこかマスコットのようなかわいさがある。

うわさの「魔女市場」は、中心地に程近い通りの一角にあった。「市場」といっても建物はなく、お土産物屋さんに混じってそっけない露天が並ぶ程度。ただし「魔女市場」の名前の由縁は、その驚きの商品にある。露天に並ぶのはすべて魔術・呪

LA PAZ, BOLIVIA

【ボリビア／ラパス】
人口：約110万人（推定）

🏠 **魔女市場**
（Mercado de Hechiceria, La Paz, Bolivia）

住：Calle Linares, La Paz, Bolivia
営：10:00〜18:00頃（店により異なる）
休：なし
交：Sagarnaga通りとSanta Cruz通りの間のLinares通りにあり、中心地からほど近い。サン・フランシスコ寺院から徒歩3分程度
広：30mほどの通り
見どころ：各種様々な呪術グッズ、先住民のおばちゃんたちのいでたち

（地図：メルカド・ネグロ、サン・フランシスコ寺院、魔女市場、9月14日広場、ロドリゲス市場）

▶ **お土産度** 👑👑👑
変わったお土産物を探すなら、もってこい。置物などは味のあるものあり。ただしあげる相手を選ぶが……。また周囲には毛糸やフェルトでできた民芸品を扱うお店も多い。

▶ **ローカル度** 👑👑👑
実際買い物をしている人は現地の人だが、見学者の中には観光客も多い。

▶ **アクセス度** 👑👑👑
市内の中心地にあり、アクセスは便利。ただし日本からラパスまでのアクセスには時間がかかる。

▶ **危険度** 👑👑👑
特にこのエリアに限ったことではないが、ラパスは強盗やスリなどが頻出している。貴重品の扱いは十分に注意を払おう。

▶ **自炊度** 👑👑👑
魔女市場にはないが、付近に生鮮市場がある。外食はいまいちなお店も多いので、自炊もおすすめ。

▶ **屋台度** 👑👑👑
ポップコーンなどのスナックを売っている人を見かける程度。

（吹き出し：市場を走る派手なバス）

上／民族衣装のおばちゃんたち　右上／魔女市場の一角にはなぜかパスタ屋さん　右下／街の路上はこんな感じの露天が多い

魔術用のハーブを売る店

巨大ポップコーン屋さんもよく見る

術用のグッズで、それゆえここは「魔女市場」なのだ。香りを放つ緑の山は、セージなどの薬草類で、その隣に並ぶ干からびた黒い物体は……。なんと「ミイラ」！　リャマの胎児のミイラ（前ページ下段中央写真）は健康と商売繁盛にご利益がある供物だという。他にも妖しげな木の置物、フクロウの羽根など、アイマラ族の儀式に必要な摩訶不思議な品揃えが続く。

それにしても、21世紀の現代にあって、ミイラが堂々と売れているようだ……！　もっとも、驚きまくっているのは観光客だけのようで、そんな様子をインディヘナのおばちゃんたちは、「何が珍しいんだか」とばかり、憮然とした表情で眺めている。彼女たちもやっぱり魔女なのだろうか……くわばらくわばら。

まだまだある！

世界専門市場リスト

ずらっと同じ種類の商品が並ぶ、マニア垂涎？の市場。花市、骨董市、古本市などがポピュラーだけど、世界は広し、中には一風変わった専門市場も。

A パンティップ・プラザ

Panthip Plaza

【タイ／バンコク】

タイの秋葉原、カオス的電脳市場

パソコン好きのダンナが、タイに行くたびに何かと寄りたがる電脳市場がここ。市場というより巨大な電脳ショッピングモールといった雰囲気で、建物内にはパソコンや携帯を中心とした電化製品を扱う小売店がぎっしり。パーツだけ、部品だけを販売するジャンクな雰囲気のお店も多い。違法コピーCDやソフトも堂々と並んでいて、男性が歩いていると「ヒミツのDVDあるよ」とこっそり耳元でささやかれることもあるそう。

住：Petchaburi Rd. Bangkok, Thailand
営：10:30〜20:00（店により異なる）
休：なし
交：BTSチットロム駅より、徒歩10分
広：吹き抜けになった6階建の巨大なショッピングビル
HP：http://www.pantip.com/

B アールスメア生花中央市場

Bloemenveiling Aalsmeer

【オランダ／アールスメア】

世界各地に花を届ける花の国オランダの生花市

世界最大の取引量を誇る花市場。プロ向けの卸売市場なので残念ながら購入はできないが、2階のギャラリーから市場内を見学することは可能。体育館のような広い倉庫に、色ごとにコンテナに入った生花が整然と並ぶ光景は、さすが花の国オランダだと圧倒される。チューリップ、バラ、ひまわりなどおなじみの花も多い。この市場で扱われる花の多くは輸出用で、日本にも送られている。朝の早い時間には競りも行われている。

住：Legmeerdijk 313, Aalsmeer, Netherlands
営：月〜金7:00〜11:00（この時間、入場料5ユーロを払えば一般見学も可能）
休：土・日
交：アムステルダム中央駅からNZHバス172番で所要約1時間、Bloemenveiling Hoofdingang下車すぐ
広：75万5000m^2（世界最大の花市、サッカーコート80面分）
HP：http://www.flora.nl/

E

らくだ市
Birqash Camel Market

【エジプト／ビルアシュ】

ターバン姿の男が集う エキゾチックらくだ市

あっちにもらくだ、こっちにもらくだ! そんならくだパラダイスが広がっているのが、カイロから南に1時間程度行ったビルアシュの「らくだ市」。市が立つのは毎週金曜日で、その日は遠くはシナイ半島やスーダンからキャラバンを組んではるばるやってくる商人たちで賑わっている。砂煙がもうもうと舞うなか、ターバンを巻いた男たちがらくだの行列を前にあれこれ交渉している風景は、まるで映画の1シーンのようなエキゾチックさ。

当のらくだはといえば、のんびり草をはんでいる子もいれば、らくだ使いに叩かれたり、無理やり連れていかれたりとけっこう乱暴な扱いを受けている子もいて、時々悲壮な泣き声も聞こえてくる。ちなみにここのラクダは観光用や荷物運搬用、また食用にされるという。交渉次第だが、日本円にして1匹5万円から購入可能。

ちなみにインドのラジャスタン州プシュカールでも、毎年10月～11月のうちの1週間程度、世界最大のらくだ市が開かれている。

住：Birqash, Egypt
営：金6:00～11:00（交渉は9:00までに終わることが多い）
休：土～木
交：カイロから北に35km、1時間ほどほど行ったBirqashにて。タクシーチャーターもしくはツアー利用が便利
広：300m×300mほど、牧場のような広場

D

ゴールドスーク
Gold Souk

【アラブ首長国連邦／ドバイ】

まばゆい輝きに満ちた 金ピカ市場

ドバイは「City of the Gold」の異名を持つ。その由来となったのが、世界一の規模を誇るゴールドスーク（金の市場）。市内には新旧ふたつのゴールドスークがあり、金のアクセサリーをディスプレイした貴金属店が軒を連ね、まばゆい輝きを放っている。お金持ちの人にとって、金は財産そのもの。その日のレートによって計り売りするお店が多く、1週間程度の時間があれば自分好みのデザインをオーダーすることも可能だ。

この市場を訪れるなら、日中よりも夕方～夜がいい。アラブ諸国の常として暑い日中よりも人出は多く、ライトアップされたスークはさらに妖艶さを増す。スークには世界中から集ったとおぼしきお金持ち風の人たちが歩いていて、その民族博覧会的な雰囲気もいい。

ドバイにはほかにスパイス店が多く集まった「スパイススーク」があり、袋に山積みになった色とりどりの香辛料が並ぶ。様々な香りが入り混じった空間はエキゾチックだが、観光客向けで値段は地元価格と比べると安くはない。

住：Deira, Dubai, United Arab Emirates
営：10:00～22:00、金16:00～22:00
休：金曜日の午前～夕方
交：アル・カイル通りを挟んでふたつのゴールドスークがある。どちらも徒歩圏内
広：79,000m^2
HP：http://www.dubaigoldsouk.com/

C

金魚街
Goldfish Market

【香港／旺角】

袋入り金魚が出迎える 金魚づくしストリート

その名のとおり、金魚を中心にした観賞用の魚が売られている金魚ストリート。女人街の北側にある「通菜街」という通りで、両サイドには100軒以上の熱帯魚屋さんが軒を連ねている。

おもしろいのは、金魚が縁日の金魚すくいでもらうような小さなビニール袋に入れられ、店頭の壁一面にびっしり並べて販売されていること。「こんな売り方で金魚は大丈夫?」とちょっぴり心配になるけれど、そのそばからひょいひょいと金魚入りの袋を選んでいくサラリーマンがいたりして、香港の人たちの金魚への親しみが見てとれる。香港では金魚はお金を呼ぶ、縁起のいいペットとして扱われているのだ。

多くのお店が店内に水槽を持っており、そこではお値段のはる高級金魚たちが悠々と泳いでいる。また水草だけを専門に扱うお店や、水槽、エサなど飼育に必要な道具を扱う店、ほかの動物を扱うペットショップもある。生きた金魚を買って帰るのは難しいが、話の種にブラブラ散歩するのは楽しい。

住：旺角通菜街、香港
営：9:00～20:00（店により異なる）
休：なし
交：太子駅のB2出口、旺角駅のB3出口からそれぞれ徒歩3分
広：200mほどの通り

市場で見かけた、動物たち

アジア、中近東を中心に
市場で動物をよく見かける。
働く動物、売られる動物、見守る動物、
それぞれの市場スタイルを。

お店番をしております
@タイ

魚市場の重鎮おじさん&ペリカン
@チリ

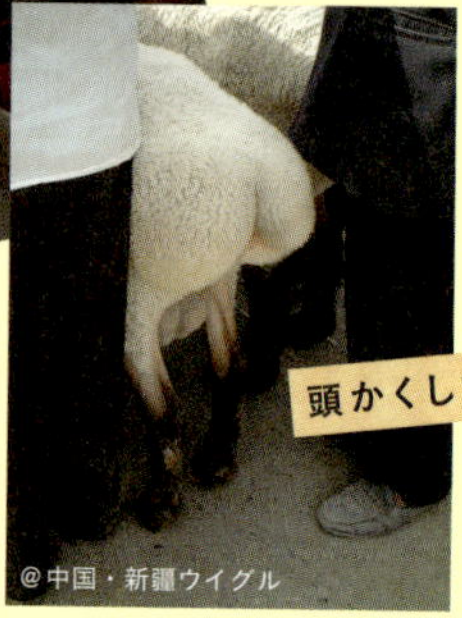
頭かくして尻かくさず羊
@中国・新疆ウイグル

@中国・新疆ウイグル

一休み中のロバさん

@インド

僕は余裕っす!!!
人はちょっと重い…
@イスラエル

荷役真っ最中の巨大ラクダさん

@インド

イグアナ&カメはセットがお得？

カメレオン、販売中

売られているのになぜかエラそう

本物そっくりのヒヨコ、どう？

市場で戦う牛さん

民芸品市場で、はいポーズ

コブラ、とぐろまいてます

世界市場マップ

【アジア①編】

世界にはまだまだ個性的な市場が多数存在する。おもしろい市場は一体どこにあるの？と気になった方は、世界地図上で位置をチェック！まずは日常に市場が根付いたアジア地域からご紹介。

王府井小吃街
P.33
P.93
南大門市場
SOUTH KOREA
CHINA
P.65
金魚街
P.117
サバの
土曜市
P.42
ナイト
マーケット
LAOS
CAMBODIA
VIETNAM
P.38
ベンタイン市場／
ビンタイ市場

【モンゴル／ウランバートル】

ナラントール・ザハ

馬具店もある、草原の国の市

遊牧民たちも多く訪れる、草原の国モンゴル最大の市場。ゲートで日本円にして5円程度の入場料を支払うと、いきなり活気に満ちた市場の景色が広がっている。体育館のような屋内スペースは生鮮食品、食料品エリア。見ていると中国や韓国からの輸入品も多い。一番広いのは屋外の衣料品や日用雑貨エリア。男女共通の民族衣装であるデールのお店では、朝青龍そっくりの遊牧民の若者が熱心に商品を見比べていたりする。馬具専門店があったりするのも、モンゴルならでは。

交：市内中心部からナラントール行きバスで所要10分程度／営：10:00～17:00（店により異なる）／休：月・火

【中国／北京】

紅橋市場（真珠市場）／京深海鮮市場（海鮮市場）

個性派揃い、北京の市場へ

北京の個性派市場ふたつをご紹介。紅橋市場は真珠や宝石などが山のように売られている問屋街的なビル。建物は6階建てになっていて、3、4階は真珠製品がメイン、ほかに雑貨やアクセサリー、バッグなどを扱う店もあり、偽ブランド品もちらほら。値段は交渉制で、値切り必須。真珠製品は長さや留具など、自分好みにオーダーすることも可能だ。一方、京深海鮮市場は海産物専門の市場。1階は鮮魚、2階は鮑やフカヒレなどの乾物を中心に小売店が並ぶ。3階は広々としたレストランで、1階で買った海鮮を料理してもらえる。季節になると上海蟹が山積みになっているほか、様々な種類の魚・貝が生簀にいる。3階のレストランは加工賃はとるが、それでも市内のレストランの半値程度だから、安く新鮮な魚介類が食べたい人はここへ。

交：紅橋市場は地下鉄5号線の天壇東門駅下車すぐ、もしくはバスで法华寺駅すぐ。京深海鮮市場は地下鉄5号線南の終点「宋家庄」下車、のちバス511で光彩路南口駅すぐ／営：9:00～19:30（紅橋市場）、10:30～23:00（ただし、海鮮市場は20:00頃閉店）／休：どちらもなし

【韓国／ソウル】

東大門市場

眠らないファッションタウン

食料品、日用品が並ぶ雑多な南大門市場に対し、こちらは衣料品中心の市場。市場といっても巨大なファッションビルが並ぶエリアで、しかも24時間営業。日中はいまどきファッションに身を包んだギャルたち、深夜には卸売りを中心としたプロが集う。日本の流行ファッションを模したデザインの服が多数。

交：地下鉄4号線会賢駅5番出口から徒歩5分／営：24時間／休：日・祝のお店が多い（店により異なる）

【インド／ゴア】

アンジュナ・マーケット

ヒッピーの聖地のフリマ巡礼

古くからヒッピーの聖地と言われるゴア。一時期ほどの勢いはないが、いまも各国から長期滞在者が集まっている。この街の名物は、ビーチパーティとマーケット。年末年始をはさんだシーズン（10月～3月）になると水曜日にはフリーマーケット、土曜日にはナイトマーケットが開かれ、あでやかな民族衣装に身を包んだ出稼ぎ少数民族やインド人の売り子さん、そして各国から訪れた旅行者たちでにぎわう。売られているものの中には、ヒッピーテイストの雑貨や衣類、アクセサリー類も多く、エスニック雑貨好きなら目がハートになること間違いなし。

交：ゴアの中心地マプサからバスで約30分／営：フリーマーケットは水10:00～18:00、ナイトマーケットは土17:00～23:00頃
※シーズンによって異なるため、要確認

【中国／香港】

女人街

チープ&ディープな女の園

その名のとおり、女性向けのチープな衣料品やアクセサリーが並ぶエリア。午後14時ごろから道を埋め尽くすように露天がぎっしり並び、夜に人出のピークを迎える。ドキッとするほど派手な下着やバラ撒き土産になりそうな中国雑貨などが並び、チープ&ディープな雰囲気。

交：MTR荃湾線の旺角駅D3出口から徒歩1分／営：14:00～24:00頃／休：なし

UZBEKISTAN
P.46
P.128
ウルグットの
スザニ・バザール
カシュガルの
日曜バザール
P.110
MOGOLIA
デリーの
チャンドニー・
チョーク
P.82
P.82
ジャイプールの
バザール
NEPAL
アサン・
チョーク
P.93
P.117
バルコル
INDIA
MYANMAR
P.54
ボージョー・
アウンサン・
マーケット

【ベトナム／ハノイ】

ドンスアン市場

場外こそが楽しい、有名市

ハノイの有名市場。吹き抜けの2階建の建物で、1階は雑貨やアクセサリーが多く、2階は衣料品や布製品が多い。アオザイ用の布、シルク製品なども多いが、観光客には熱心な客引きも。隣には生鮮食品を扱う市場もある。また周囲にはカゴをかついだ野菜売りやフォーやサンドイッチなどが食べられる露天が並び、市場内部よりもむしろ周辺のほうがベトナムらしい活気に満ちている。中心地から市場に行く場合、途中の旧市街に立ち寄ってみるのもいい。ここは昔ながらの職人街で、ジャンルごとに小さな商店が軒をつらねている。

交：ホアンキエム湖を北に1kmほど行ったところ。噴水前からミニバスも出ている／営：6:00～18:00（店により異なる）／休：なし

【カンボジア／プノンペン】

セントラル・マーケット

プノンペンの胃袋でアジアを感じる

遠くからも見つけられる、ドーム型の巨大市場。プノンペン庶民の胃袋ともいうべき国内最大の市場で、東南アジアらしい雑多な活気に満ちている。生鮮食品が多く、現地の物価を反映してどれもこれも驚くほど安い。電化製品や日用雑貨などを扱うお店もあるが、製品は中国、ベトナム製がほとんど。一家総出で店番をしているお店も多い。

交：プノンペン駅から約500m、バスステーションも隣接していて、市内の中心地／営：朝6:00～18:00頃／休：日・祝のお店が多い（店により異なる）

【アジア❷／オセアニア編】

【ブルネイ／バンダルスリブガワン】

水上マーケット

豊かでキレイなローカル水上市場

おそらくアジアでもっとも観光客が少ない国のひとつ、ブルネイ。何を隠そう天然ガスで潤っている国で、街はどこかおっとりした空気に包まれている。あまり知られていないことだが、首都バンダルスリブガワンは海沿いにあり、世界最大規模の水上集落がある。市場ももちろん水上に作られた高床式の建物にあり、地元の人たちはボートで買出しに来る。といっても貧しさゆえに水上に住んでいるわけではないので（彼らは水上のほうが快適に暮らせるのだという）、市場もどこか整然としている。生鮮食品、雑貨などはマレーシアと同じラインナップだが、市場の下からちゃぷちゃぷと水の音が聞こえてくるのが不思議。観光向けではない、リアルな水上マーケットがここに。

交：水上にあり、公共交通はないためボートチャーター、もしくはツアー参加が一般的／営：9:00〜19:00（店により異なる）／休：金曜日の午後

【マレーシア／コタキナバル】

コタブルの日曜市

カブトガニも売られる交易の場

期待しないで行ったところ、激しくおもしろく、結局一日を過ごした印象的なタムー（定期市）。世界遺産のキナバル公園近くの村で行われていて、山の民と海の民が交易する市場として古くから続いているという。サバ州最大と言われる広い市場でまず目につくのが、入り口付近で行われている魚介類売り場。どこから持ち寄ったのか、布を広げただけの露天が肩を寄せ合うようにびっしり並び、見たこともない魚が多数売られていた。日本では天然記念物に指定されているカブトガニまで！奥は衣類や雑貨になっていて、民族衣装や伝統工芸品もちらほら。怪しげな健康食品を売る店、キッチン用品の実演販売なども行われていて、まさに「ハレの日」の賑わいに満ちていた。

交：ふたつの市場とも、市内観光エリアから徒歩圏内／営：ナイトマーケットは毎夜17:00〜23:00ぐらいまで。ワロロット市場は早朝〜19:00ぐらいまで／休：なし

【オーストラリア／シドニー】

パディントン・マーケット

センスのいい、シドニー最大のフリマ

シドニーでは週末になるとあちこちでフリーマーケットが行われている。中でも最大規模なのが、パディントン・マーケット。オシャレな街として知られているだけあって、古着や骨董品、手作りの小物やオーガニックフードなど、どこかセンスのいい露天が数多くある。市内にはほかにロックス・マーケット、パディス・マーケット、グリーブ・マーケットなど各所に市が立ち、それぞれ個性的。

交：タウンホールから380・378のバスでPaddington Market下車すぐ／営：土10:00〜17:00／休：日〜金

【ニュージーランド／オークランド】

マタカナ・ファーマーズ・マーケット

スローフードな村の、先端を行く市場

週末になると各地でファーマーズ・マーケットが行われている農業国ニュージーランドだが、中でも首都オークランドから1時間のマタカナが評判だ。ここは街ぐるみでスローフード宣言をしていて、市場に並ぶのは地元産のものばかり。野菜や果物はもちろん、オリーブオイルやワインなども地元産だというから、その徹底ぶりに脱帽。ジャムなどの手作りアイテムはセンスよくパッケージされているものが多く、思わずあれこれ買いたくなる。スローでありながら時代の先端を行く、そんな市場。

交：オークランドから車で約50分。またオークランドのインターシティ（バス）乗り場からのバスやツアーもある／営：土8:00〜13:00／休：日〜金（ただし夏期は水・15:00〜19:00もオープン）／HP：http://www.matakanavillage.co.nz/

AUSTRALIA

P.32 シドニーの魚市場

NEW ZEALAND

赤道をはさんでアジア、
オセアニアの市場を紹介。
活気に満ちたアジア、
ファーマーズ・マーケットが
花盛りのオセアニア。
さて、どの市場に行く？

P.22
士林夜市
TAIWAN
THAILAND
PHILIPPINES
P.92
ディビソリア
P.76
チャトゥチャック
ウィークエンド・
マーケット
P.64
パンティップ・
プラザ
P.33
スクンビット・
ソイ38
P.33
コタキナバルの
魚市場
BRUNEI
MALAYSIA
MALAYSIA
SINGAPORE
P.85
シンガポールの
インド人街
INDONESIA
P.55
ウブド市場

【タイ／チェンマイ】

ナイトバザール ワロロット市場

北部チェンマイの二大市場

タイ第二の都市チェンマイにあるふたつの市場。ナイトマーケットは観光の中心地で毎日17:00頃から開きだす、お土産物中心の市場。リゾート向けカジュアルウエア、ヒッピー風アクセサリー、少数民族の小物など商品のラインナップも旅人向き。一方ワロロット市場は、庶民の台所。建物内は1階は食料品、2階は衣料品が中心。

交：ふたつの市場とも、市内観光エリアから徒歩圏内／営：ナイトマーケットは毎夜17:00〜23:00ぐらいまで。ワロロット市場は早朝〜19:00ぐらいまで／休：なし

【インドネシア／バリ島】

バドゥン市場

バリ庶民の台所でお土産探し

バリ島最大の市場。4階建の建物が市場になっているが、建物の外や駐車場にも無数の露天が軒を連ねる。生鮮食品、日用雑貨に混じってお供え物が多いのもバリ島らしい。2階、3階は衣料品や雑貨などのお店が多く、庶民的なお土産物が交渉次第で安く手に入る。早朝・夕方は特に混みあい、観光アイランドバリ島のローカルな一面が見られる。

交：クタ地区から車で30分、ヌサドゥアから車で30分。タクシー利用が便利／営：24時間（早朝、夕方が賑わう）／休：なし

【オーストラリア／メルボルン】

クイーンヴィクトリア・マーケット

南半球最大の市は地元の社交場

南半球最大とも言われる市場で、茶色い建物を入ると屋根だけついた半オープンスペースが現れ、東京ドーム1.5倍の広さに約1000店の小売店が並んでいる。酪農・農業に強いオーストラリアだけあって野菜類・精肉類は種類も豊富で、値段も驚くほど安い。お土産物や雑貨などもあるから、観光客でものぞいてみる価値大。12月から2月の夏期には、毎週水曜日の夜にナイトマーケットが開かれ、地元ミュージシャンによる市場ライブも行われている。

交：トラムでVictoria Street、無料バスでQueen Victoria Market下車すぐ／営：火〜木6:00〜14:00、金6:00〜18:00、土6:00〜15:00、日9:00〜16:00／休：月・水・祝

【ヨーロッパ／アフリカ編】

歴史ある屋内市場に加え、週末限定の市場が多いヨーロッパ。一方のアフリカといえば、エネルギッシュな市場が目白押し。ところ変われば市場も変わる、そんなふたつのエリアをご紹介。

世界市場マップ

【ドイツ／シュトゥットガルト】
シュトゥットガルトのマクルト・ハレ
ドイツデザインの心地よい空間

ドイツの工業地帯として有名なシュトゥットガルト。この街にある「マクルト・ハレ」（屋内市場、の意味。ほかの街にも同じ名前の市場がある）はゴキゲンだ。一見地味目な外観ながら、一歩中に入るとカラフルな農産物と予想以上の活気に満ちている。通りもお店もピカピカ、そのうえ2階まで吹き抜けになった空間とオレンジ色の電球とが見事にマッチ。スクエアでありながら心地よい、いかにもドイツらしい市場だ。2階部分にはレストランや雑貨屋さんがあり、1階の様子が見られるのもいい。また、近くのマクルト・プラッツ（マーケット広場、の意味）では週末に朝市が立つほか、ドイツでも2番目に歴史のあるクリスマス・マーケットが開かれる。

交：旧宮殿（現在の州立博物館）の向かいにあり、観光のついでに立ち寄れる／営：月〜金7:00〜18:30、土7:00〜16:00／休：日・祝

TURKEY
P.55 グランドバザール
ISRAEL
P.104 マハネー・イフェダー市場
EGYPT
P.86 ハーン・ハリーリ〜ムイッズ通り
ゴールドスーク P.65 U.A.E.

【ハンガリー／ブダペスト】
中央市場
上品な建物とあふれるパプリカ

ハンガリー最大と言われる屋内市場は、まず外観からして印象的。ブダペストは「ドナウの真珠」と呼ばれる美しい街で、この市場も例に漏れず、入り口には上品な装飾がなされている。何を隠そうハンガリーは知られざるパプリカ大国。天井が高く、広々した市場内部では黄色・赤・オレンジなど色とりどり、形も様々なパプリカが出迎えてくれる。もちろんそれ以外に新鮮な野菜や肉が盛りだくさん。吹き抜けの2階にはレストランや民芸品を扱う店もあり、観光客でもたっぷり楽しめる。

交：3号線Kalvin ter駅から徒歩約10分。ドナウ河沿い、自由橋のたもと／営：月6:00〜17:00、火〜金6:00〜18:00、土7:00〜14:00／休：日・祝

ETHIOPIA
P.117 ジンカの土曜市
マサイ・マーケット P.100
TANZANIA
フェロダニ・ガーデン P.32
ムジジマ魚市場 P.60
ZIMBABWE
ムバレ・ムシカ・マーケット P.132

【エチオピア／アジスアベバ】
マルカート
ギラギラ感満載、東アフリカ最大の市

東アフリカ最大と言われる市場は、とにかく強烈。細い路地にはバラックが建ち並び、路上にはやたら商品やゴミが散乱し、黒人がワラワラ闊歩している……その風景や漂う香り、そして何よりエネルギーあふれる空間に、カルチャーショックを受けてしまうこと必至だ。野菜、肉などエリアごとに分けられた市場は広大で、見尽くすには1日がかり。お土産物・民芸品コーナーもあり、エチオピアを訪れたこともあるボブ・マーリーのグッズやエチオピア正教のシンボル正十字のペンダントなども売られている。

交：市内中心部から徒歩、もしくはマルカート行きミニバスにて。バス停で「マルカート！」と連呼しているとバスを教えてもらえる／営：7:00〜18:00（店により異なる）／休：日・祝

【ギリシャ／ミコノス島】
ミコノス島の魚市場
観光地のローカルな朝市

真っ白い壁と青い屋根の家で知られるミコノス島は、新婚旅行先としても激しくオススメの場所。この島に行ったら、ぜひとも毎朝行われている魚市場をのぞきたい。港に沿って露天が並び、地元の漁師さんたちが獲れたての魚を売っている。魚を並べたボートそれ自体がお店になっていたり、傍らで猫が魚をねだっていたり、一大観光地のローカルな一面がここに。

交：ミコノス島の港で開催。港のそばのホテルからは徒歩圏内／営：7:00〜10:00頃／休：日・祝

【オランダ／アムステルダム】

アルバート・カイプ市場

通年営業の巨大露天市場

オランダ最大の露天市場。600mに渡って両サイドにズラリと露天が並ぶ光景だけでもワクワクする。しかもこの露天市、日曜日を除いて毎日営業されているからスゴイ。売られているのは野菜などの生鮮食品、チーズ、ハムなどの加工品、お菓子など。手作りのバッグやグッドデザインの雑貨を売る店もあり、お土産物ハンティングも楽しい。

交：トラム4・16・24・25でAlbert Cuypstraat駅下車すぐ／営：月～土9:00～18:00（天候、店により変動あり）／休：日／http://www.albertcuypmarkt.com/

【フランス／パリ】

クリニャンクールの蚤の市

パリ一有名な蚤の市

フランスの蚤の市、というと必ず名前が挙がってくるクリニャンクール。敷地は広大で、登録店だけでも2500もあるという広大さ。ビロン地区は高価な骨董品、ヴェルネゾン地区は雑貨と、エリアごとに売られているものの傾向が違う。ここは観光客も多く商売っ気も強いので、掘り出し物を見つけよう！と意気込むよりも、「パリの蚤の市をぶらり散歩」という気分のほうが楽しめる。同じパリでももっとローカルな蚤の市がよければ、週末に行われているヴァンブの蚤の市へ。

交：メトロ4号線でPort de Clignancourt駅下車徒歩5分／営：土・日・月7:00～19:30（店により異なる）／休：火～金 ※ヴァンブの蚤の市は土・日7:00～17:00頃

【イタリア／ローマ】

カンポ・ディ・フィオーリ

観光の合間に見る、素顔のローマ

観光名所が山ほどあるローマでは、市場に寄っている余裕がない！ なんてことも。そんな人にもオススメの市場がここ。パンテオン、ナヴォナ広場からも徒歩圏内にあり、毎日朝市が開かれているから、散歩ついでにイタリアの素顔が見られる。「花の市場」の名前を持ち、もともとは花市場だったが、現在はアーティチョーク、ズッキーニなどイタリア料理でおなじみの野菜をはじめ、チーズ、ハムなどを売るテントがずらり。ちなみにこの広場は、15世紀には処刑場として使われていたという。陽気な朝市にもしっかり歴史が潜んでいるあたりもローマらしい。

交：Termini駅からバス64に乗って、ヴィットリオ・エマヌエーレ2世通りのマクドナルド前下車／営：月～土6:00～13:30／休：日・祝

【南アフリカ／ケープタウン】

グリーンマーケット

アフリカの中にヨーロッパが薫る

街の中心地にある広場で、雑貨やアクセサリー、衣料品などを扱うテントが並ぶ。アフリカらしいビビッドな色使いの布、ゴージャスなアクセサリーなど、お土産ハンティングにはもってこい。ケープタウンでは休日になると各所でフリーマーケットが出ている。骨董品やアーティストたちが自作のものを持ち寄っているお店も多く、アフリカにいながらにしてヨーロッパの雰囲気が味わえる。

交：ケープタウンの中心地にある広場／営：月～金11:00～18:00（店により異なる）／休：日

【南北アメリカ編】

P.116
ホルメス・カウンティ・フリーマーケット

P.30
ユニオンスクエアのファーマーズ・マーケット

P.54
アネックス・ヘルズキッチン・フリーマーケット

【カナダ/オタワ】
バイウォード市場
オバマ大統領も訪れた巨大市場

1826年に開設されたというカナダでもっとも古く、そして大規模な市場。広大な敷地に巨大な建物と屋根のオープンエアのスペースがあり、さながら「市場街」といった雰囲気。実際、小売店が並ぶ通りには、それぞれ通りの名前がついているほどだ。食料品や日用雑貨、植物などあらゆる物が揃い、週末にはライブなどのイベントも行われている。ちなみにHPにはオバマ大統領がこの市場を訪れたときの写真も。農業大国だけに付近の農家から届いた食料品の豊富さは目を見張るが、予想以上に魚介類も豊富。ハードロックカフェを筆頭に、いくつものレストラン、カフェがあり、一日楽しめる市場。
交：Ottawa駅から3km、バスでRideau Centre下車徒歩約5分／営：店により異なるが、生鮮食品は平日10:00〜18:00、週末は10:00〜21:00頃／休：なし／HP：http://www.byward-market.com

【アメリカ/フィラデルフィア】
レディング・ターミナル・マーケット
映画の舞台になった多国籍市場

歴史の浅いアメリカにあって、1893年オープンという由緒正しきファーマーズ・マーケット。映画の1シーンに出てきそうな雰囲気ある外観（実際、映画『ナショナル・トレジャー』のロケも行われている）もさることながら、内部も非常に充実。50以上の小売店の中にはアーミッシュの人たちのお店あり、メキシコ食材のお店あり、多国籍国家アメリカを肌で感じられる。フードコートも併設されていて、こちらでも実にバラエティ豊かな各国料理が食べられる。食の選択肢の乏しいアメリカの地方都市にありながら、何を食べようか迷ってしまうこの市場の存在はありがたい。
交：Regional RailでMarket Street East駅下車徒歩5分。また地下鉄City Hall駅下車徒歩5分／営：9:00〜18:00／休：なし／HP：http://www.readingterminalmarket.org/

【ブラジル/マナウス】
アドウフォ・リスボア市場
巨大魚にアマゾンの豊かさを見る

アマゾン地域最大の都市にある巨大かつエネルギッシュな市場。パリの中央市場を模したというヨーロピアンスタイルの建物とその周辺の小売店から形成されているが、売られているものも、場の空気も、パリとは似ても似つかない。台からあふれて床まで転げ落ちた野菜、バナナの海（!）、巨大な塊で売られている肉。何より必見なのは、アマゾン河から獲れた魚だ。凶暴さで知られるピラニア、1mは軽くありそうな巨大な川魚ピラルク、そして怪しげな模様の入ったナマズなど、日本とは違うラインナップにアマゾン河の豊かさが感じられる。同じ南米のペルーやボリビア、そしてアジア諸国とは違って、ブラジルの市場の主役は男たち。マッチョな彼らは、カメラを向けるとおちゃめなポーズをとってくれたりして、それも楽しい。市場には民芸品コーナーや食堂もある。
交：アマゾンクルーズの出発地となるマナウス港の近く、アマゾン河のほとり。市内中心地にある／営：6:00〜17:00（店により異なる）／休：なし（店により日曜休み）

P.96
チンチェーロ村の日曜市

P.62
魔女市場

P.120
泥棒市場エルアルト

P.92
サンパウロのリベルダーデ地区

P.52
サンテルモの骨董市

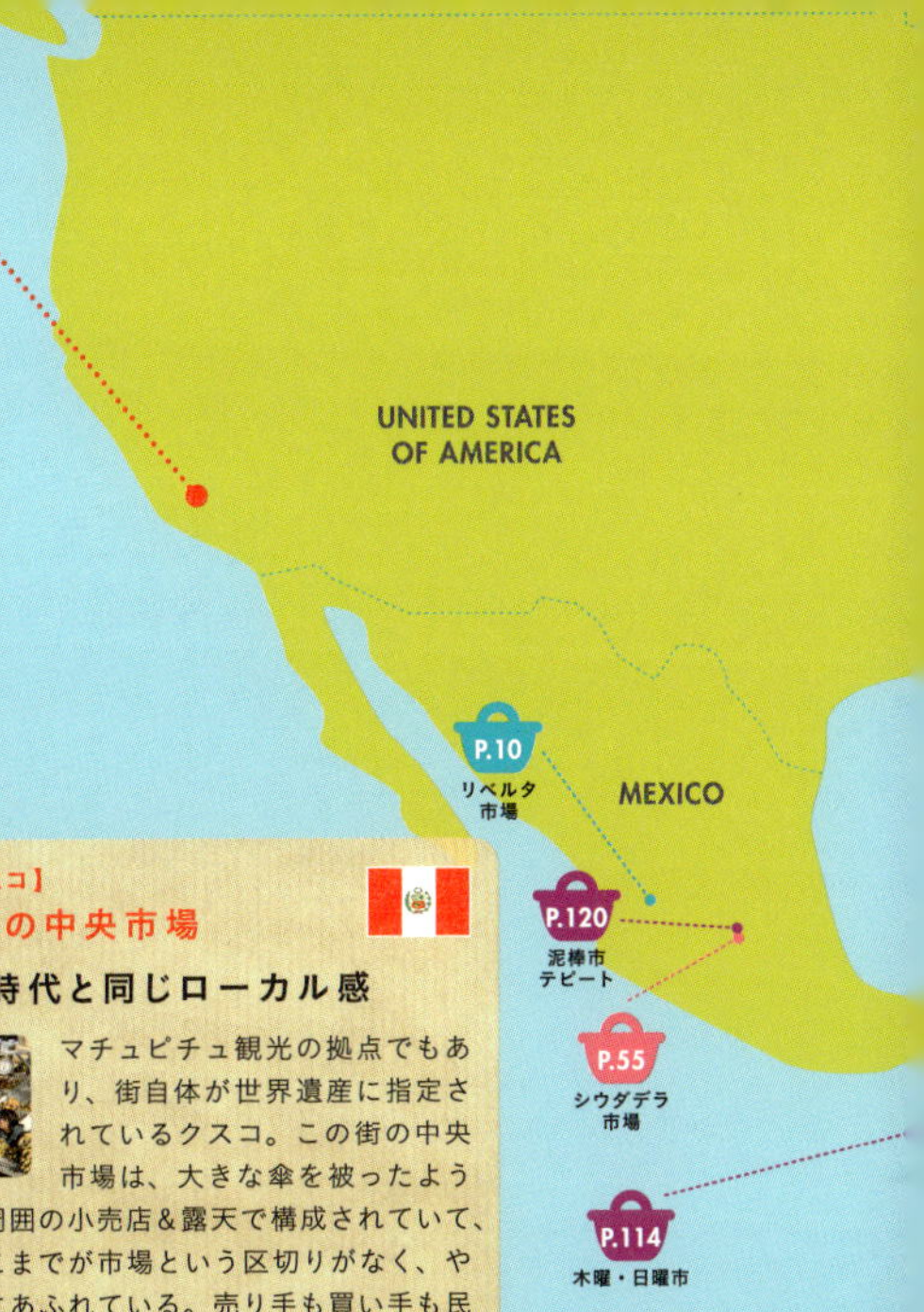

【アメリカ／ロスアンジェルス】
グランド・セントラル・マーケット
メキシコ食材も豊富

凡庸な名前とは裏腹に、ロスでもっとも歴史があり、そして大きな市場。巨大スーパーでのお買い物が一般的なアメリカにあって、小売店で店主と語らいながらお買い物できる場所は貴重。野菜はもちろん、肉の安さはさすがアメリカ。ダウンタウンの中心地という場所柄か、ヒスパニック系のお客さんも多く、メキシコ料理の素材などが多数売られている。

交：4th streetと101の間にあるS. Broadway通り沿い／営：9:00～18:00／休：なし／HP：http://www.grandcentralsquare.com/

P.10 リベルタ市場
P.120 泥棒市テピート
P.55 シウダデラ市場
P.114 木曜・日曜市

【ペルー／クスコ】
クスコの中央市場
インカの時代と同じローカル感

マチュピチュ観光の拠点でもあり、街自体が世界遺産に指定されているクスコ。この街の中央市場は、大きな傘を被ったような建物と、周囲の小売店＆露天で構成されていて、どこからどこまでが市場という区切りがなく、やたら人と物にあふれている。売り手も買い手も民族衣装に身を包んだ女性が多く、インカ帝国の時代からさほど変わっていないのでは？と思うよう。アンデスの国らしいローカルな光景に出会える。屋内＆屋外露天では主食かつ南米原産のじゃがいも、トウモロコシが目立ち、その種類の多さに驚く。また意外なところではチーズ類も豊富。屋内スペースには食堂街もあり、軽食が食べられる。

交：クスコの中心地アルマス広場より徒歩15分程度、マチュピチュ行きのSan Pedro駅そば／営：8:00～17:00頃（店により異なる）／休：なし（日曜休みの店が多い）

【アメリカ／ハワイ】
カム・スーパー・スワップミート
ハワイののんびりフリーマーケット

ハワイでは週末になると各地で「スワップ・ミート」という青空市場が開かれる。中でもローカル色が濃いのが、カム・スーパー・スワップミート。市民のための青空市場で、バンに荷物を積み、アウトドア用のテントの下でお店を広げる一般の人の姿も多い。売られているのは古着、骨董品、雑貨などだが、その多くがガラクタ。ただし中にはクラシカルなガラスのコップなど、思わぬ掘り出し物もある。ハワイにはほかにアロハスタジアムのスワップミートが有名だが、こちらはどちらかというと観光客向け、お土産物が多い。

交：ワイキキから20・42番、アラモアナから40・40A・62番のザ・バスでCam Drive-in Theatre下車／営：水・土・日5:00～12:00頃／休：月・火・木・金

【チリ／ビーニャ・デル・マール】
ビーニャ・デル・マールの魚市場
バックパッカーの刺身供給場所

魚介類に乏しい南米において、唯一魚介類が豊富なチリ。中でも小さな港町にあるこの市場は、魚に飢えた日本人バックパッカーのオアシス的な存在。規模は決して大きくはないが、売られている魚介類は新鮮で、毎夜近くの日本人宿では刺身パーティが行われていた。種類も豊富で、魚はもちろん、タコ、イカ、貝類なども充実の品揃え。中にはホヤ、アナゴといった日本以外では見かけないような海の幸もある。日本のスーパーでもチリ産の鮭などよく見かけるし、魚介の好みは近いのかもしれない。海に面したロケーションで、仕事を終えて一服している漁師さんたち、おこぼれにあずかろうとしているペリカンたちがたむろしていて、港町らしい雰囲気もいい。

交：有名な日本人宿「汐見荘」から徒歩20分程度。ビーニャ・デル・マールからバルパライソに行く海岸沿いにある／営：7:00～15:00頃（店により異なる。午前中がベター）／休：日

昨今エコロジーでヘルシーなファーマーズ・マーケットが大注目のカナダ、アメリカ。対する中南米は、昔ながらの先住民の市場など、地元のパワーが凝縮された市場がオススメ。

ウィークエンド・マーケットの内部は、細い通路がどこまでも張り巡らされている

街中がマーケット!?な市場タウン

進化を続ける巨大迷路 あふれ出すアジアの熱気

【タイ／バンコク】チャトゥチャック・ウィークエンド・マーケット

この市場に足を踏み入れるのは、もう何度目だろう。初めて自力で海外旅行をした19歳のときから、「微笑みの国」と呼ばれるタイには、足しげく通っていた。もちろん首都バンコクに降り立つのは、週末を狙って。毎週末、バンコクの郊外チャトゥチャックでは私が世界一気に入っている巨大市場、「ウィークエンド・マーケット」が開かれているからだ。

「ウィークエンド・マーケット」はタイ随一の広さを誇るマーケットで、その名にたがわずとにかく広く、活気に満ちている。1・13平方キロメートルの広さは実に東京ドーム24個分。その中に1万店とも1万5000店とも言われる店がひしめく様相は、まさに巨大迷路だ。

衣料品、アクセサリー、靴、お土産物、本、ペット……市場内はブロックごとに分けられ、ありとあらゆる日用品が並んで

左／なんでも山盛り!がこの市場の基本　右／タイでは売り子のオカマちゃん率も高い

タイ風ラーメン「バーミーナーム」は1杯150円程度

路肩ではトウガラシが大量に干されていた。干すと辛みはだいぶやわらぐというが……

左／笑えるマネキンも多い　中／日本の雑貨屋さんでも見かける布バッグ　右／オシャレなサンダルは1足約400円程度

いる。テントが連なる屋内には細い通路が張り巡らされていて、その通路を人々が体をくねらせ、声をあげながら通っていく。通路にせり出すように並んだ商品の中には、旅人でも気軽に手にとれるようなアクセサリーやバッグ、タイ雑貨なども。アジア雑貨好きなら思わず、「はっ、カワイイ！」と目がハートになってしまう瞬間がしばしばあるだろう。

そんなときは「いろいろ見ながら後で考えよう」なんて思わず、その場ですかさず買ったほうがいい。あまりに広すぎて、後で戻りたくても戻れない、なんてことになるから。目的のものがあるならまずはインフォメーションで地図を手に入れ、しっかりと行く道を決めてまっしぐらに向かおう。もっともその行く道すがらでもつい目に留まる風景があったりして、気づけば……となりかねないから、私はここに来るときは「迷いに来たのだ」と気楽に思って、気の向くままにぶらぶら歩きを楽しんでいる。

審美眼を試すか、チープシックに走るか

「ウィークエンド・マーケット」が楽しいのは、この市場が日々進化し、来るたびに商品のラインナップが変わっていること。生鮮品の屋台が出るのは朝早め。その時間が終わると携帯アクセサリーやゲーム、衣料品など、時代時代ごとのラインナップ

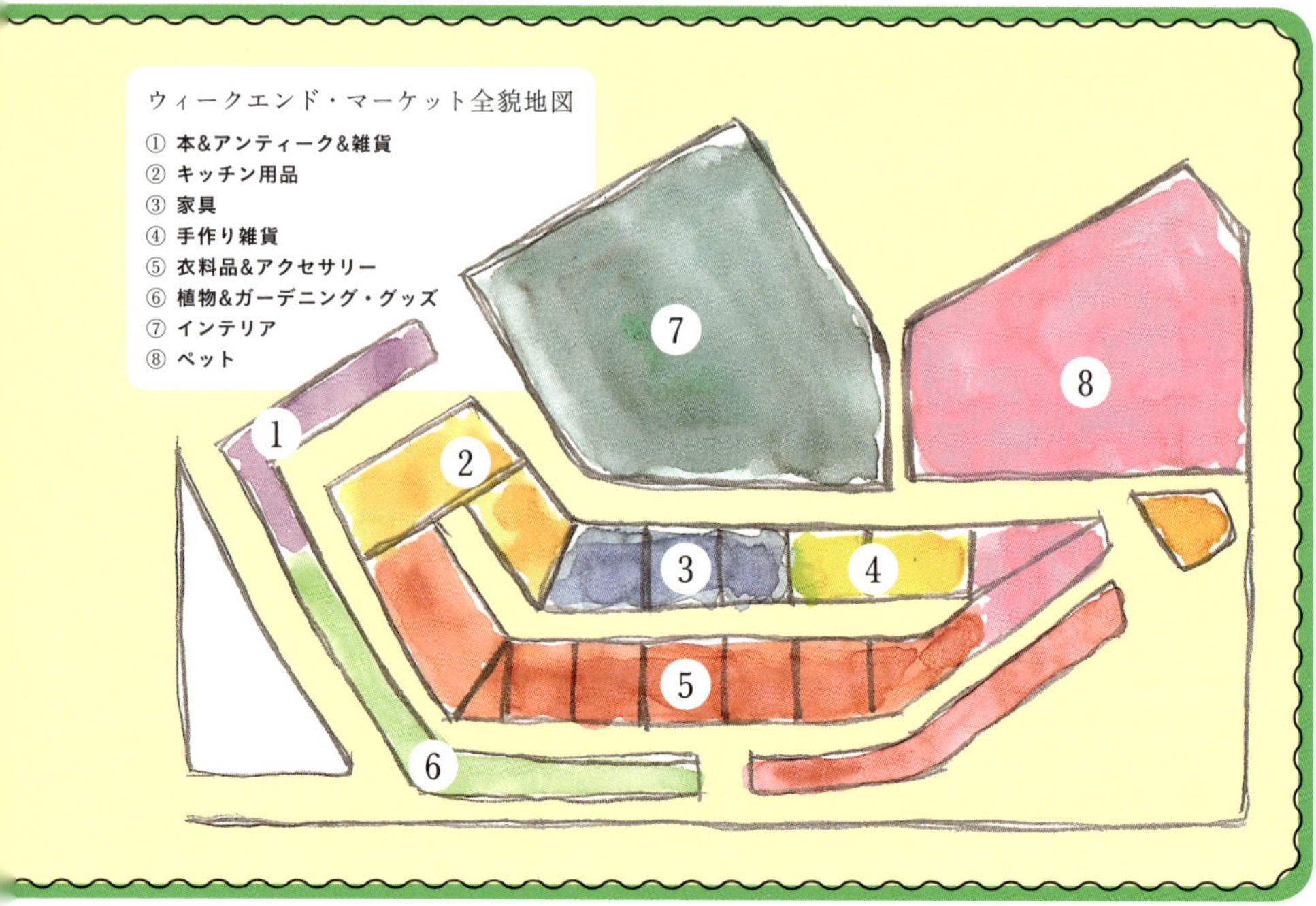
ウィークエンド・マーケット全貌地図
① 本&アンティーク&雑貨
② キッチン用品
③ 家具
④ 手作り雑貨
⑤ 衣料品&アクセサリー
⑥ 植物&ガーデニング・グッズ
⑦ インテリア
⑧ ペット
1
2
3
4
5
6
7
8

が市場の内外を埋め尽くしている。最近は若手服飾デザイナーの登竜門的な場所になっているらしく、市場の随所にオリジナルの服を並べたセンスのいいショップも見かける。独特のフォルムをした照明スタンドだけを扱うお店もある。変わりどころではペットコーナー。タイ人は不思議と魚が好きらしく、広大な熱帯魚売り場はさながら庶民の水族館といった雰囲気だ。

ちなみに「ウィークエンド・マーケット」では、しっかり値切り交渉をすれば、かなりおトクなお買い物ができる。同じようなものがバンコク市内では3倍ぐらいの値段で売られていたりするし、それが日本に入ってくれば5倍、6倍になっていたりする。実際、バンコク市内でショップを営むバイヤーたちも、ここで仕入れることは少なくないという。

もちろん、テキトーな南国の市場のもの、品質に保証はないから、ここでの買い物は審美眼が試される。モノを見る目に自信がない私は、もっぱらお手ごろ価格のものばかり見る。「これ、1回洗濯したらダメになりそう……」「この金具がちょっとちゃっちい」なんてケチをつけながら、私は気付けばいつもチープシックなお買い物を楽しんでいる。

たとえばこれからビーチに行くなら、ビーチ向きのワンピースや短パン、ビーチサンダルなど。ワンピースもビーチサンダルも１０００円以下だから、失敗してもまあいいか、という気になれる。それに南国に来ると不思議と、日本より派手なも

BANGKOK, THAILAND

【タイ／バンコク】
人口：約600万人
（ただし周辺含め、1000万人都市と言われる）

チャトゥチャック・ウィークエンド・マーケット
（Chatuchak Weekend Market）

住：Talat Chatuchak, Phaholythin,Rd., Bangkok, Thailand
営：毎週土・日8:00〜18:00
休：月〜金（ただし一部の店は営業）
交：BTSモーチット駅から徒歩5分。地下鉄カンペーンペット駅2番出口を出てすぐ。タクシーの場合は「ウィークエンド・マーケット」よりも「チャトゥチャック」のほうが通じる
広：1.13 km²
見どころ タイ全土から集まるお土産。若手デザイナーの服、珍しいペット

▶お土産度
アクセサリーやバッグ、小物入れなど雑貨、おもちゃなどが充実。バラまき土産はまとめて買おう。若きデザイナーの手作りの服も発掘してみては？

▶ローカル度
外国からの観光客も多いが、タイ人の買い物客も多い。デートスポットとしても人気。

▶アクセス度
バンコクまでは6時間、がんばれば週末でも行ける。ただし市内中心部からは車で30分ほどの距離。

▶危険度
午後になると人出が増え、特に出入り口付近は混雑する。スリには気をつけよう。

▶自炊度
早朝には野菜など生鮮食品も。本格的にほしければ通りを渡った反対側に食品市場がある。ただしタイは外食産業が発達しているので自炊不要？

▶屋台度
タイは屋台パラダイス。惣菜系のランチをとれるところやスナック系など、多数の屋台がある。

これがウィークエンド・マーケットの全貌だ！

こちらがウィークエンド・マーケットの全貌地図。地図で書いてしまうとなんてことないが、実際足を踏み入れてみると、物にあふれていて、方向感覚を失いやすい。また似たような景色も多いので、待ち合わせをするときは注意が必要だ。

ただし現在このウィークエンド・マーケットは存続の危機に立たされている。国鉄が土地を一方的に売却してしまったため、将来的に店舗は立ち退きしなければならないというのだ。ただしアバウトなタイのこと。あの手この手で抜け道を作って、ちゃっかり営業を続けそうな気がしないでもない。

のが着たくなるから、現地調達がベストなのだ。ほかにもランチョンマットやクッションカバーなどのホームウエア類はオススメ。繊維工業の発達したタイには様々な種類の布が揃い、お値段もお手ごろだ。

そうしてアレコレ買い物してちょっぴり疲れたら、プラスチックの椅子を並べた屋台に腰を降ろせばいい。バットに並べられたお惣菜を指差して選ぶもよし。隣でジュウジュウ揚げられている揚げ物をつまむもよし。屋台メシを食べるだけの勇気が出なかったら、周囲を見渡すとビン入りのジュースを売っているはずだ。そうして南国の熱気のもとに市場を行きかう人を眺めているだけで、タイという国が持つパワーと温かさがダイレクトに感じられるだろう。

市場ギャラリー ③

街中が市場

〈インド〉

本文はP.82へ☞

शुभ
लाभ

オールドデリーに一歩足を踏み入れると、ご覧のとおりのカオスが待っている

街中がマーケット!?な市場タウン

ようこそ混沌のインドへ！バザールに真髄あり

【インド／デリー、ジャイプル】オールドデリーのチャンドニー・チョークほか

初めてインドに降り立ったときは、それはそれは衝撃の連続だった。見たこともない風景、見たこともない人々。インドの街にはたいてい「バザール」と呼ばれる市場エリアがあり、あたりは街中がすべて市場といった雰囲気だ。基本は通りに並んだ小売店だが、隙間を埋めるように、地べたに布を敷いただけの露天も並ぶ。バザールを闊歩する顔ぶれには、男も女も乞食もおかまも犬も牛も猿もいる。混沌、ごった煮――インドを形容する言葉は、そのままインドのバザールに当てはまる。

この国のユニークさは、そこに暮らすインド人にもある。「インド人もビックリ」という言葉が成り立つように、インド人はたいていのことでは驚かない。店頭に並んだお菓子を野良牛がパクッと食べても、路上で人がゴロッと寝ていても、「まあそんなものだ」とすまし顔で暮らしている。人間のバラエティに

インド的職業あれこれ

**眺めているだけで
インドっぽいよなあ……
としみじみ思う、
市場でおなじみの
露天の数々。**

バングル屋さん

インド女性の大切なアクセサリー、バングル（腕輪）。ちなみに上流階級の方はゴールドがお好き

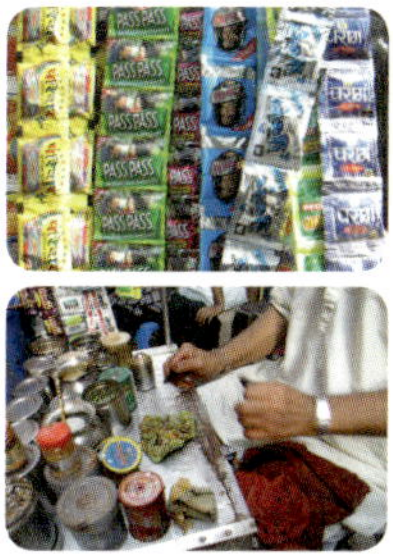

噛みタバコ屋さん

四角い包みはすべて噛みタバコ。噛むと、歯が真っ赤になる。下は葉を使ったパーンというもの

お祝いのお花屋さん

お祭前になると増殖する、お祝い花屋さん。インドだけでなく、シンガポールのインド人街でも見た

サリー屋さん

露天よりも路面店が多く、中は女の園。ただしなぜかアクの強いおじさんが店番をしていることが多い

チャイ屋さん

庶民の日常ドリンク、チャイ。1杯2ルピー～10ルピー（約4円～20円）程度。やかんだけで営業中のお店も

ビンディ屋さん

インド人既婚女性が額にポチッとつけているのが、ビンディ。シール状で、デザインもさまざま

揚げ物屋さん

インド人の屋台フードは揚げ物が多い。私はインドでおなかを壊したことはないが、被害報告は多数

神様屋さん

インドで神様はフレンドリーな存在。あっちこっちで神様のポスターやカード、置物が売られている

インドといえば、やっぱり牛。街中に普通にいる

左／スイーツ屋さん。インドのスイーツはたいてい甘すぎることが多い　右／インド人は写真大好き。ハイ、チーズ

左／良し悪しは別にして、インドではよく働く子どもが多い
右／麻布を広げただけの露天八百屋さん。果物も多い

インドらしいスパイス

も富んでいて、友人のリキシャ（人力車）を見つけて飛び乗るおじさんがいたり（子どもだ！）、ギラギラ照りつける太陽を裸眼で見つめながら「これが修行だ」と豪語するサドゥーと呼ばれる修行僧がいたりする（目は大丈夫なんだろうか）。

そんなインドにあって、印象的なふたつのバザールがある。デリーのチャンドニー・チョークとジャイプルのバザールだ。

チャンドニー・チョークは旧市街「オールドデリー」にあり、道に沿ってびっしりと小売店が並んでいる。「インドの浅草」と言われる庶民の街で、爆音でインド歌謡を鳴らす電気屋さんがあれば、捧げ物の花輪を売る屋台もある。カラフルなサリー屋さんには女性がむらがり、向かいでは体重計だけを置いた「体重計り屋さん」が営業中。中には同じ業種がかたまって営業する問屋街もあり、いるだけでインドが眼前に迫ってくる。

といっても道は人や物や自転車や荷物であふれていて、歩いているだけで様々な出来事にでくわす。急にリキシャが飛び出してきたり、乞食にバクシーシ（施し、つまりお金）をねだられたり、牛に行く手を阻まれたり。道端で「ハロー、ジャパニー！」と、やたら好奇心旺盛なインド人に出会うことも少なくない。そんなアトラクション満載のバザールは、ちょっぴり疲れるけれど、はるか異国を感じるにはもってこいだ。

一方でジャイプルのバザールはといえば、またもやひしめく人、人、人。ジャイプルの旧市街は城壁に囲まれていて、中には4つの「バザール」の名を持つ通りがあり、両サイドはすべて商店だ。一本裏路地に入ってみると、これまたインド。スパイスの香りが漂う道を、ルンギという腰布から細い足を出した労働者がカゴをかついで歩いている。乾燥したジャイプルでは、カラフルなサリーを身にまとった女性が多く、熱風とともに原色の布が舞い上がる風景は、ハッとするほど美しい。

ほかにも紹介したい市場は多数あるが、何しろ12億人近い人口を抱え、日本の8・7倍の広さを誇るインドのこと。賑やかな都会のバザールがある一方で、山岳地帯や田舎に行けば、昔ながらの素朴なバザールもある。あれもインド、これもインド。地上の最高から最低までがひしめき合う国だからこそ、インドは、そしてインドのバザールは、やっぱりおもしろい。

比較！ シンガポールのインド人街

海外で暮らすインド人（印僑）も多い。中でもシンガポールのインド人街はビッグサイズ。いるのはインド人で売り物もインド産が多く、インドを感じるにはもってこい。しかも本国と比べて圧倒的にキレイだから、汚いところは苦手だけど、インド・フレーバーを感じたいという人は、ぜひこちらへ。やっぱりインドは懐が広い!?

DELHI, INDIA

【インド／デリー】
人口：約1385万人（デリー首都圏、2001年）

チャンドニー・チョーク（Chandoni Chowk）

住：Chandoni chowk, Old Delhi, India
営：店により異なる。早朝〜夜まで賑やか
休：日曜は閉める店が多い
交：赤い城「ラールキラー」の正面に向かう大通り
広：大通り自体は1キロ以上にわたって続く
見どころ 無数に行きかう人、リキシャ（人力車）、車。顔もキャラも濃いインド人、様々な職業

▶ お土産度 ●●●○○
サリーなどの布類、神様グッズ、日用雑貨店など、店の種類は多い。特に宝石や金銀細工の店は有名。

▶ ローカル度 ●●●●●
日本人の目からすると、「汚い！」と思う、庶民の街。外国人もいるが、すべてインド的に見える。

▶ アクセス度 ●●●○○
Delhi駅から南に500m程度のところの旧市街の中心エリア。デリーまでは日本から直行便あり。

▶ 危険度 ●●●○○
スリ、置き引きに注意。また「ツアーに参加しよう」と勧誘してくる人は、信用しないほうがいい。

▶ 自炊度 ●●○○○
野菜や香辛料、果物など生鮮品の露天がちらほら。

▶ 屋台度 ●●○○○
チャイ屋さん、揚げ物屋台、各種ピーナツ屋さんなど。胃腸の弱い人にはオススメできないかも。

JAIPUR, INDIA

【インド／ジャイプル】
人口：約232万人

ジャイプルのバザール（Bazar, Jaipur）

住：Jauhari Bazar, Siredyodhi Bazar, Kishanpol Bazar, Gangori Bazar, Jaipur, india
営：店により異なる。早朝〜夜まで賑やか
休：日曜は閉める店が多い
交：旧市街の名所、シティ・パレス、風の宮殿を囲むように4つのバザール通りがある
広：4つの通り自体は1キロ以上にわたって続く
見どころ 原色のサリーをまとった女性たち。よく見るとハリボテっぽい、ピンク色の街

街中がマーケット!?な市場タウン

「濃い街」を味わいに巨大都市でスーク巡り

【エジプト／カイロ】ハーン・ハリーリ～ムイッズ通り

エジプトの首都カイロはとにかく「濃い」街だ。推定1600万人が暮らすメガシティで、繁華街やスーク（市場）の混雑ぶりは東京以上、ラッシュ時間には車が道を埋め尽くす。乾いた土地にさす日差しは、ギラギラと強い。そしてそんな中を、彫りが深く濃い顔だちのエジプト人が、鋭い眼光を放ちながらのっしのっしと歩いている。しかも威厳のある顔とは裏腹に、彼らの多くは濃いキャラの方々。渋滞にハマるとクラクションをビービー鳴らし、カメラを向ければ「イエーイ」と大喜びする。

だからカイロの街は、歩いていて飽きることがない。観光客がまず目指すべくは「ハーン・ハリーリ」という一大お土産物スーク。14世紀末からある老舗スークで、くねくねと細い迷路のような通りには、金属細工や食器、宝石類、皮製品、水パイプ、ガラス製品などのお土産物屋さんが、規則性なく続く。ただしその悠久の歴史に培われた？商売根性はなかなかのもの

1日5回祈禱、これがエジプト流

敬虔なイスラム教徒が多いカイロでは1日5回の礼拝の時間がある。特に金曜の礼拝は大規模でスークにいた人々も突如路上にシートをしいたり、室内のお祈り場所に移動したりして、礼拝に参加する人は多い（ちなみに男のみ）。祈りの最中、目の前にひれ伏したエジプト人のお尻がビシッと一列に揃う様子は圧巻だ。ちなみにお祈りの時間の間は、お店はほっぽらかしの人も。

上／お祈りの時間中、放置された「車上店舗」左／駅構内で、突然お尻が並びだした！ 人が多い大都会だけに、この光景は不思議

で、チラリとお土産を見たら最後、怪しい日本語を使って迫りくる百戦錬磨の店主とのバトルが始まる。私は30ポンド（約493円）の香水ビンを値切って値切って15ポンド（約246円）で買ったが、後日別の店で5ポンド（約82円）で売られていた……。

「ハーン・ハリーリ」を後に南へムイッズ通りを下ると、雰囲気はガラリと変わって、イスラムの歴史ある街並みに庶民のスークが広がる。路上の車の上にシールやらキーホルダーを並べた「車上店舗」もあれば、赤・紫などの原色の女性用下着を山盛りにしたリアカーも（そして案外売れている）。

ここまでくると体はぐったり、けれど心は充実感でいっぱいだ。その心は、「今日は濃い街を歩いたなあ」。

CAIRO, EGYPT

【エジプト／カイロ】
人口：約1万人（推定）

ハーン・ハリーリ〜ムイッズ通り
（Khaan el-Khalili〜Shaari Muizz）

住：Off Hussein Square, Across from El Azhar Mosque, Cairo, Egypt
営：店により異なる。夜は遅くまでやっている
休：金曜日が休日で、休む店も多い
交：ラムセス広場、またアフマド・ヘルミ広場からマイクロバスでアズハル地区へ
広：ハーン・ハリーリは400m×400m程度のエリアに、小さな店が密集する。ムイッズ通りは2キロ近くにわたって続く、かつての都大通り
見どころ ありとあらゆるお土産物、エジプト人商人の駆け引きシーン、庶民の暮らし

▶ お土産度 ●●●●●
ハーン・ハリーリはお土産専門スーク。ただし値段はほかの街より高く、ぼったくりも多い。

▶ ローカル度 ●●●●○
ハーン・ハリーリは観光客がほとんどだが、ムイッズ通りを南下するほど庶民度が高くなる。

▶ アクセス度 ●●●●○
カイロ市内のイスラム地区にある。この街自体が世界遺産。カイロ各地から地下鉄、バスなどでアクセス可能。

▶ 危険度 ●●●○○
市場内ではスリに注意。またときどき詐欺師の話も聞く。

▶ 自炊度 ●●●●○
肉は鶏を生きたままで売っている店が多い。八百屋さんは多く、魚屋さんも見かけた。

▶ 屋台度 ●○○○○
これだけの大都会だが、カイロ自体は料理の選択肢は決して多くない。路上で食べられるのはトルコの「ドネルケバブ」と同様の「シュワルマ」。またパスタとお米を合わせてトマトソースをかけた謎の食べ物「コシャリ」がエジプト人の定番ファーストフード。

市場ギャラリー ④

街中が市場

〈モロッコ〉

本文はP.122へ☞

Lesieur

حسن
رقم 31

34

まだまだある！

街中がマーケット!?な市場タウンリスト

世界にはほかにも歩いているだけで熱気に包まれるような、街と市場が一体化した場所が少なくない。人とモノにあふれた、豊かな市場タウンへ。

A サンパウロのリベルダーデ地区
Liberdade, Sao Paulo

【ブラジル／サンパウロ】

地球の裏側ブラジルに古きよき日本の商店街が

小売店が並ぶリベルダーデ地区は、市場というよりも商店街といったほうが正しい。しかもここは世界最大の日本人街として知られ、地球の裏側ブラジルにありながら、日本の下町の商店街そっくりなのに驚く。入り口には朱色の鳥居がそびえ、和菓子屋さん、ラーメン屋さん、日本の本を置く書店などが軒を連ねる風景に、はるばる海を渡ってきた日系人の歴史が偲《しの》ばれる。日曜日には広場でタコ焼き屋台なども出る。

住：Liberdade, Sao Paulo, Brazil
営：10:00～20:00（店により異なる）
休：なし
交：地下鉄Liberdade駅下車徒歩3分
広：300m×300m程度のエリア

B ディビソリア
Divisoria

【フィリピン／マニラ】

東南アジアの熱狂市!?安さ爆発、庶民の市場

観光的にはマイナーだけど、実際に足を運んでみてそのパワーに圧倒された、首都マニラ最大の市場エリア。通りを埋め尽くすようにパラソルを立てた露天やリヤカー、小売店が並び、その数6000店以上。ギラギラと照りつける太陽のもと、格安の衣料品を扱う問屋さん、旬のフルーツ山積みの屋台、大声を張り上げて交渉するフィリピン人の姿に、東南アジアの熱狂が見て取れる。ただし治安が悪いエリアなので、防犯を。

住：Claro M. Recto Avenue, Manila, Philippines
営：8:00～20:00（店により異なる）
休：なし
交：高架鉄道MRT、LRT-2で終点Recto駅下車徒歩3分
広：Claro M. Recto Avenue沿い、800m程度の通り。ショッピングモールもある

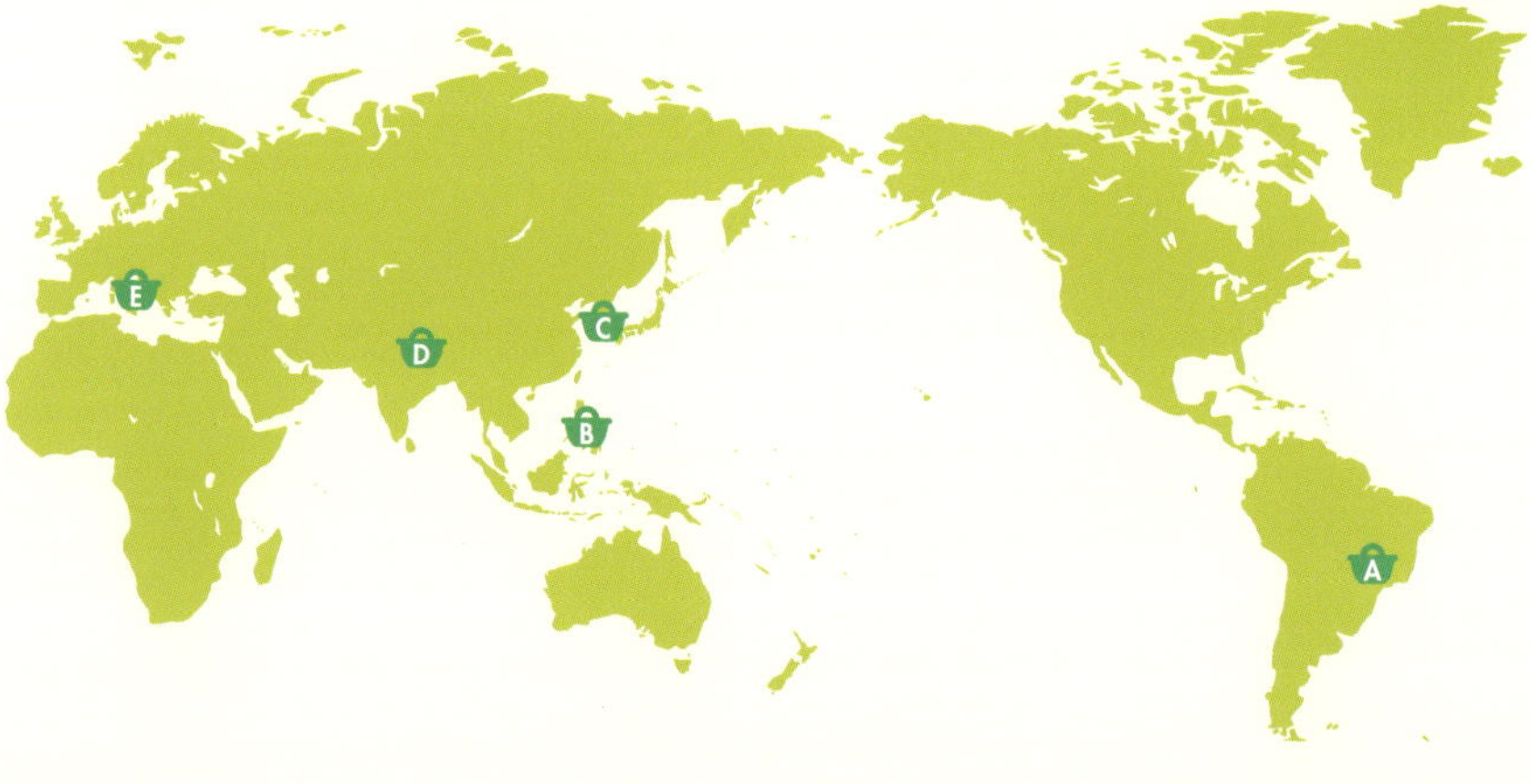

チェーリエ・メッサーピカの日曜市
Mercato Domenica Ceglie Messapica

【イタリア／チェーリエ・メッサーピカ】

日曜日に華やぐ
グルメなイタリアの田舎町

イタリアで大好きな街のひとつ、プーリア州の田舎町チェーリエ・メッサーピカ。お目当てはCIBUSというレストランと日曜市だ。CIBUSは片田舎にありながら数々のスローフード関連の賞を受賞している有名レストラン。そのご主人が太鼓判を押す日曜市がここ。

普段はのんびりとした田舎町だが、日曜の市には周囲一帯が華やいだ空気でいっぱいになる。道路は数ブロックに渡って歩行者天国になっていて、食料品、衣料品、雑貨などゆるやかにジャンル分けされた露天が並ぶ。

必見は野菜などの生鮮品。スローでグルメな田舎町として有名な場所だけあって、山積みになったイタリア野菜は種類も様々で新鮮、しかも日本よりずっと安い。ひょうたん型のチーズ「カーチョカバッロ」をぶら下げたトラック式チーズ屋さんなど、辺り一帯、おいしそうな食材が満載。世界に名高いイタリア料理のふるさとここにあり！といった雰囲気だ。白壁に囲まれた街並みもあいまって、イタリアのスローでグルメな村の「ハレの日」を感じられる。

住：Mercato Domenica Ceglie Messapica, Italy
営：日8:00～17:00
休：月～土
交：チェーリエ・メッサーピカの駅から車で5分程度
広：200m×100m程度のエリア

アサン・チョーク
Asan Chowk

【ネパール／カトマンドゥ】

ヒマラヤのふもと、
神様が見守る下町市場

ヒマラヤのおひざもと、ネパールの首都カトマンドゥは、ぶらぶら歩きが楽しい街。ホテルやレストランが多く並ぶタメル地区から南に向かって歩いて行くと、アサン・チョークという市場エリアに出る。といってもそれまでの道もお土産物屋さんが軒を連ねていて、ここからここまでが市場という明確なラインはない。野菜を山積みにしたカゴつき自転車、お供え物の花を売る露天、独特の香りを放つスパイス屋さんなど、食料品を中心に、ありとあらゆる職種がこのエリアにひしめきあって、独特の活気を生み出している。

市場を眺めながら歩いていると、いたるところに小さな寺院があるのに気づく。人とオートリキシャ（三輪バイクタクシー）と自転車が行きかう市場にもしっかり神様がいるとは、さすが「人よりも神様が多い」と言われるネパールだ。市場エリアは混沌としているのに、なぜか心が安らかにお散歩できるのは、神様のおかげ？

住：Asan Chowk, Kathmandu, Nepal
営：10:00～19:00（店により異なる）
休：なし（店により異なる）
交：タメル地区から南へ500m程度、ダルバール広場まで歩く途中
広：500m×500m程度のエリア

南大門市場
Namdaemun Sijang

【韓国／ソウル】

にんにく臭漂う
ソウル版アメ横

本書の中でももっとも行きやすい市場のひとつ。市場というより大型商店街といった雰囲気は、ソウル版アメ横？衣料品を中心に、食料品店から、偽ブランド品、革製品、日用雑貨など約1万店ともいわれる店が雑多にひしめきあう。

南大門の楽しみ方は、ぶらぶら歩き。韓国のり、コチュジャン、キムチ、ゴマ油などお土産向きの食材はソウルのスーパーなどでも買えるが（そしてそちらのほうが安かったりする）、ここでは熱心に客引きする売り子さんとの交渉を楽しみたい。中にはヴィトン、ディオールなどブランドロゴつきのソックスを山積みにしたリヤカーがあったりして、「こんなものまで！」と眺めるのが楽しい。

小腹がすいたら、路地裏の食堂街へ。地元の人や韓国人観光客で賑わう食堂では、南大門名物と言われるカルチジョリム（タチウオの煮付け）にトライ。また夕刻になるとカラフルなパラソルを立てたポジャンマチャ（屋台）が並び、食欲をそそるニンニクの香りが充満する。串焼きなど定番屋台フードを買い食いしながら、エネルギッシュなソウルを肌で感じたい。

住：Namchang-dong, Seoul, South Korea
営：24時間だが、店により異なる。深夜は卸売り業者が多い
休：日（店により異なる）
交：地下鉄4号線「会賢駅」5番出口を出て、ソウル駅方面に徒歩約10分
広：500m×300m程度のエリア

市場で見かけた、少年少女

世界の市場では子どもや少年少女がよく目につく。市場でたくましく育つ、子どもたちの写真集を。

お母さんの胸の上で市場見物

@グアテマラ

美少女大賞

@ウズベキスタン

3人兄弟でお店を切り盛り

@ボリビア

黒人の子どもってカワイイ

@ジンバブエ

小さくてもしっかり頭巾

@マレーシア

サメが
売ってるよ!

@イスラエル

履き心地、
いいよ!

ストッキング屋さん。

みんなで
ピース!

ちょっぴり照れモード、の小さなトマト屋さん

@中国・新疆ウイグル

市場豆知識 ❸ 世界の「こんにちは」

異国の人に声をかけるのはなかなか勇気がいるもの。でも子どもなら、なんとかなるかもしれない……そんな最初のアプローチのためにまず覚えたい、世界の「こんにちは」。

- □ 英語 ⇒ 「ハロー」
- □ スペイン語 ⇒ 「ブエナス・タルデス」
- □ フランス語 ⇒ 「ボン・ジュール」
- □ イタリア語 ⇒ 「ボン・ジョルノ」
- □ ポルトガル語 ⇒ 「ボア・タルデ」
- □ ドイツ語 ⇒ 「グーテン・ターク」
- □ ロシア語 ⇒ 「ドブリジェン」
- □ アラビア語 ⇒ 「アッサラームアレイコム」
- □ 中国語 ⇒ 「ニーハオ」
- □ 韓国語 ⇒ 「アンニョハセヨ」
- □ タイ語 ⇒ 「サワッディー」
- □ マレー語 ⇒ 「スラマッ・トゥンガリ」
- □ スワヒリ語 ⇒ 「ジャンボ」
- □ チベット語 ⇒ 「タシデレ」

@ボリビア
今年のクリスマスはバイト！おひとついかが？

@タンザニア
おろそいの服がキュートな双子ちゃん

@ラオス
僕は売り物ではありません zzz....

@インド
売れるといいなあ zzz....

@中国・新疆ウイグル
じゅうたんの前でにっこり

いたずら笑顔
@パキスタン

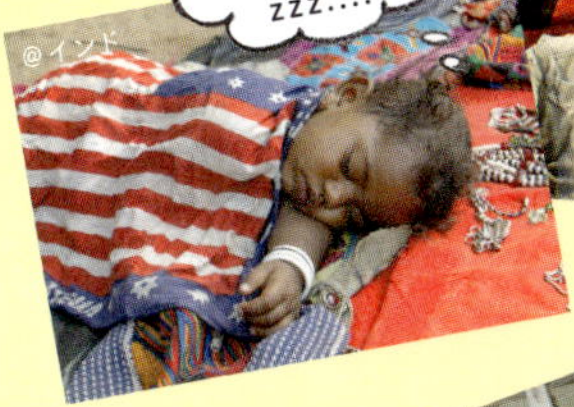

地べたに座って野菜を売るシルクハットの軍団。いかにもアンデスの国らしい光景だ

エスニック色あふれる市場

インカ帝国の魂を継ぐアンデスの日曜市

【ペルー／クスコ郊外】チンチェーロ村の日曜市

おんぼろバスに揺られること1時間、日曜市のたつ先住民族の村・チンチェーロに降り立って驚いた。オレンジ、赤、緑、黒……そこには様々な色彩が踊っている。市場の店先に立つのは、おそろいの民族衣装に身を包んだ先住民の女性たち。頭に存在感のある円盤型のベレー帽を乗せ、極彩色の刺繍がなされた赤いベストで精一杯めかしこんでいる。

チンチェーロ村は、かつてインカ帝国の都だったペルーの古都クスコからバスで1時間程度のところにある小さな村だ。周囲はまさに「コンドルは飛んでいく」の世界、いかにもアンデスらしい絶景が広がる。こちらの日曜市はバスの発着所から徒歩3分程度のところにある広場で行われている。半分は野菜や穀物などのローカル向けの市場、そして残り半分は観光客向けのお土産市場。そのバランスも心地よいし、眺めるだけなら30分程度、ほどほどの広さもいい。

赤い大きなベレー帽と織物つきボレロがチンチェーロ村の民族衣装。各村ごとに衣装は違う

一部ちょっとした屋根はあるものの、ほとんどのお店が青空の下に布を敷いただけ。観光客向けのお土産コーナーと、地元民向けの食料コーナーに分かれ、女性たちは大地にどっかりと腰を下ろしている。そうそう、男性はといえば、みんなTシャツ＋ズボンという普段着で、あてどなくブラブラしている輩も少なくない。ここに限らず、南米の先住民が多い市場は「かかあ天下」が多い。

このあたりの村々は織物がさかんなことで知られ、観光客向けお土産コーナーで売られている品々も、帽子やバッグ、小物入れ、ラグやカーペットなど布・毛織物が圧倒的に多く、原色が多用された緻密なデザインは、エスニック布好きにはたまらない。定価はなく交渉次第だが、先住民のおばちゃん方々は得てしてやり手。「これ、見て！」とむんずと布をつかませて、気づけばいつの間にか値段交渉が始まっていたりする。ちなみに私はベイビーアルパカのセーターをお買い上げ、値段はUS45ドルの言い値を35ドルに値切って手を打った。日本円で4000円程度、日本のネット販売価格の1／3ぐらいだろうか。せっかく美しい民族衣装をまとっているというのに、写真嫌いも女性も多く、「買うから、撮らして〜」というちょっぴり切ない交渉も行った。

一方の地元民向け食料コーナーには色とりどりの野菜に、穀物類、じゃがいも、香辛料などが並んでいる。なかでも穀物類

右上／インカ帝国の時代から主食だったトウモロコシ。色・形のバリエーションが豊富　左上／丘に囲まれた村で、段々畑が美しい　右下／村に残るインカ時代の城砦跡　左下／お買い物の行き帰りはおんぼろバスで。もちろん車内はぎゅうぎゅう

&豆類は充実していて、たとえば真っ黒いトウモロコシ、巨大サイズの乾燥豆など日本にないものも多い。眺めていると商品を手にした女性たちが、声高に交渉し、物と物を交換する姿が見られることに気づいた。保存がきく食べ物が多く、しかも物々交換がいまも根付いている市場。決して豊かとは言いがたい土壌で生きる知恵が、ここには凝縮されている。

　市場を出て、チンチェーロ村を散策してみた。市場の裏手の坂を登ったところには、真っ白な教会がポツンと佇んでいる。この教会のある場所には、かつてインカ帝国の神殿が立っていて、いまも土台部分が遺跡として残されている。まさに「兵どもが夢のあと」といった雰囲気だ。

　ここからチンチェーロ村を眼下に眺めて、その絶景ぶりに息を飲んだ。目の前に段々畑を見下ろし、遠くに山々を臨む風景は、日本人が思う「アンデスの桃源郷」のイメージに限りなく近い。ガイドがポツリと言う。「この村には電気も水道も通っていない家が多い。そういう意味ではインカの時代とあまり変わっていないのかもしれないですね」。

　スペイン統治により滅ぼされた幻の国、インカ帝国。けれど市場の喧騒と、この村の昔ながらの佇まいには、かつて理想の国家だといわれた帝国の面影が色濃く残されている。そのまま素朴な市場であり続けてほしいと思ってしまうのは、旅人のエゴなのだろうか。

CHINCHERO, PERU

【ペルー／チンチェーロ】
人口：約2000人（推定）

チンチェーロ村の日曜市
（Mercado de Chinchero ）

住：Mercado de Chinchero, Urubamba, Chinchero, Peru
営：日8:00～15:00頃
休：月～土
交：クスコから32km、ウルバンバ、オリャンタイタンボ行きのバスで約1時間
広：80m×80mほどの広場
見どころ 民族衣装に身を包んだ先住民の女性たち、色とりどりの民芸品、高地でとれる野菜

▶ お土産度
1/3程度が民芸品売り場で、南米らしいお土産物が並ぶ。交渉次第ではクスコより安く買える。

▶ ローカル度
野菜売り場は完全にローカル向けで素朴な雰囲気。付近の村ではピサックの日曜市が有名だが、こちらのほうがローカル度は高い。

▶ アクセス度
そもそもペルーまではアメリカなどで乗り換えが必要。クスコからも1時間と決して近くない。

▶ 危険度
のんびりとした雰囲気。女性が多いので精神的にも安心感がある。ただしペルー自体は決して治安がよ良いというわけではない。行き帰りに注意。

▶ 自炊度
半分が食料品。ただし日本人にはなじみのない野菜や穀物類も多い。加えて、同じような食材はクスコでも入手可能。

▶ 屋台度
巨大な鉄板でBBQしていたのを見たぐらい。屋根付きスペースでは簡単な食事がとれた。

エスニックな民芸品は、慎重に選びたい

ペルーに限らず、メキシコなど南米先住民モノの多くは原色・蛍光色が多用されているから、かなりインパクト大。カラフルなものを選ぶと、部屋で「ペルーで買ってきた布ですっ」と堂々と主張することが多いので（そしてそんなカラフルなもののほうが、色にあふれる現地では良く見えるもの）、お買い物の際は帰国したときのことを考えて慎重に選びたい。

エスニックものに目がない私は、ここでランチョンマットとラグとベイビーアルパカのセーターを購入した。日本に帰ってみると、ランチョンマットは派手すぎて料理を載せると料理が負けてしまうことに気づき、残念ながらお蔵入り。一方ラグは紺色がベースで周囲に織物のふちどりが入った比較的シンプルなもので、キャンプのときなどに使っている。

ヒットだったのはベイビーアルパカのセーター。ベイビーアルパカは、ヨーロッパではカシミアよりも高級だとされている素材で、手触りもよく、そして何より温かさがウールとは格別に違う。真冬、「今日は寒くなりそう」というここ一番には、このセーターにご登場願っている。

上／先住民を模した人形はすべて手作り　右／南米らしい原色&蛍光色を多用した織物。サイズにもよるが500円程度から買える

マサイ族のトレードマークである赤い布は、青い空の下で輝いて見えた。取引しているのは牛・山羊などの家畜

エスニック色あふれる市場

アフリカの露天市場にサバンナの赤い戦士が集う

【タンザニア／アルーシャ郊外】

マサイ・マーケット

遠くから見ても、「あ、あそこがマーケットだ！」と一目でわかった。タンザニア／ケニアの先住民として知られるマサイ族。毎週1回、定期的に開かれるマサイ族の青空マーケットは、彼らの赤い民族衣装で、遠くからもハッキリと赤く浮き上がって見えた。といっても都会の夜のネオンのいやらしい赤とは違って、澄み渡った青空の下で見る原色の赤い世界は、これぞアフリカのマーケットという、元気なイメージそのもの。

アフリカのサバンナで主に遊牧生活を送っているマサイ族は、別名「サバンナの赤い戦士」。高い身体能力を誇り、かつて中田英寿が彼らと一緒にジャンプするというCMもあった。褐色の肌にすらりとした肢体を持ち、向こうが見えるほど大きく開けた耳の穴には、やっぱりカラフルなビーズのアクセサリー。その誇り高き佇まいと勇敢な性格は、世界各地の少数民族の中でもカッコよさで群を抜いている。髪型やアクセサリーも部族

見よ、マサイ族のこの大胆なオシャレを！耳たぶは向こうの景色が見えるぐらい大きく開いている

ごと、人ごとに様々なバリエーションがあり、とにかくおしゃれだ。

売られているものは食料、日用品、衣料品など、日常に必要なもの全般。調理用の巨大な緑色のバナナが大地にゴロリと置かれ、その向こうでは布の上にナッツ類が山盛りになっている。

いかにもアフリカっぽいシーンが見られるのは、マサイの民族衣装である赤い布やカンガ、キテンゲと呼ばれる大柄のカラフルな布が山積みになった衣料品売り場。でっぷり太ったおばちゃんたちが、大きなお尻をぶつけ合いながら我先にと布を選んでいる姿がほほえましい。

マサイ族のりりしさのヒミツとは？

奥まったところにある広場では、山羊や牛をたくさん連れた男たちが熱心に交渉している。マサイ族にとっての財産は山羊、牛などの家畜。彼らは牛の糞を塗り固めた家に住み、遊牧生活を送りながら暮らしている。そもそもマサイ族では一夫多妻が認められていて、家長である男は日常的に労働はしない。といっても家畜の所有者は家長なので、こんな「ハレの市場」の日こそわが出番！とばかり、この家畜エリアだけは家長とおぼしき立派な体躯の男たちばかりだった。

家畜エリアの横には、レストランがあった。といってもただ

左上／マサイ族のおしゃれの象徴、ビーズのアクセサリー　右上／巨大な緑の食用バナナが売られていた　左下／穀物類。とうもろこしの粉が主食　右下／布を熱心に物色するマサイ族のおしゃれ男子

網の上で焼かれていた、山羊の頭。マサイ族にとって大切なエネルギー源だ

の掘っ立て小屋で、外にバーベキュー用のグリルが置いてあるだけの簡素なレストランだが。グリルの上には、山羊の頭が丸々置いてあった。「これ、うまいぞ！」と地元の人にすすめられた肉片は、硬く、炭の香りがしっかりとしみこんでいた。味付けは塩だけ。決しておいしいものではなかったが、直球ストレートな「肉」というその存在感に思わず圧倒された。

原色のアフリカよ！

　食事もライフスタイルも、マサイ族はシンプルだ。おしゃれな人がカッコイイ、牛の数が多いほうがいい、食事はパワフルに、肉！その潔さが、マサイ族のりりしさに繋がっている。

　といっても全世界的なグローバル化？の波を受けて、このマサイ族のマーケットでも、Tシャツにジーンズという洋服に身を包んだ人も少なくない。一方でバリバリの民族衣装を着ながら、携帯電話を使っているマサイ族も。最近では伝統的な生活を捨てて観光ガイドになったり、街に出てガードマンをするマサイ族も増えているという。砂煙が舞う大地に、牛と山羊

ARUSHA, TANZANIA

【タンザニア／アルーシャ郊外】
人口：約27万人万人（アルーシャ市、推定）

マサイ・マーケット（Masai Market）

住：Meserani Snake Park, Arusha, Tanzania
営：火8:00～13:00頃
休：上記で紹介しているのは、アルーシャ郊外、メセラニヘビ園の隣の広場のマサイ・マーケット。ほかにもドドマに行く道・104号沿いのブーガンボー村（土、日）、メセラニ村（火）、マナンガへ行く途中のロンギダ村（水）、マニヤラ湖のほとりのムト・ワ・ンブ村（木）などがある。
交：アルーシャのダラダラ・ターミナルからダラダラ（タンザニア風ミニバス）で所要約45分
広：300m×300mの広場の一角
見どころ 色とりどりの衣料品、マサイ族の装い、家畜市

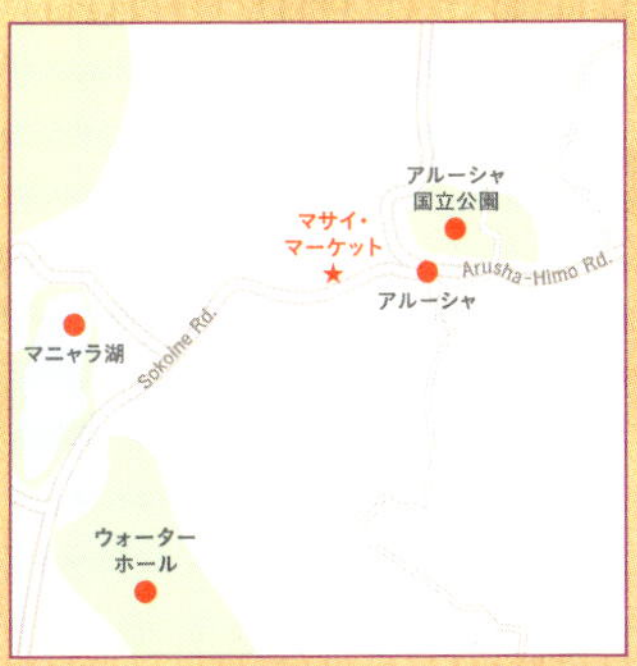

▶ お土産度 ●●○○○
カンガ、キテンゲなどの布は、いかにもアフリカの布という感じでカワイイ。また車のタイヤのチューブで作ったサンダルなども。ただ観光客向けのお土産物はない。

▶ ローカル度 ●●●●●
マサイの象徴、赤い布をまとっている人はなぜか男性に多い。女性はブラウス＋アフリカ布、というスタイル。

▶ アクセス度 ●○○○○
アルーシャからさらにバス、しかもバスによっては乗り継ぎありなので、アクセスは決して良くない。

▶ 危険度 ●●○○○
のんびりと開放的な雰囲気。ただし写真撮影でマサイ族とトラブルにならないように。

▶ 自炊度 ●●●●○
魚介類はあまり目にせず、肉、野菜、穀物が大部分を占めていた。また食用バナナも多い。

▶ 屋台度 ●○○○○
食べ物屋台はほとんどなく、一ヶ所肉を焼いているレストランがある程度。

マサイ族、写真撮影のルール

残念ながら、マサイ族の方々は写真がお嫌い。「写真を撮られると魂が抜かれる」と信じているそうだ。といっても世界は広し、価値観は様々あるわけだから、旅人としては地元に敬意を払うべし。たいてい私はカメラを構えるポーズをして「カシャカシャ」と派手にアクションし、「撮ってもいい？」のジェスチャーをする。これがアジアだとそれだけでウケてくれたりするが、そこは誇り高きマサイ族。プイっとそっぽ向く輩も少なくないし、指を立ててストレートにお金を示されることもある。

と真っ赤なマサイ族が入り乱れる風景も、あと何年見られることだろう。
こういったローカル色の濃い「マサイ・マーケット」はアルーシャ郊外だけでなく、ケニア南部、タンザニア北部の各地で定期的に行われている。サファリなどの途中で寄るマーケットは観光用のものでお土産物が中心の店が多いが、少し足を伸ばしてこうしたローカルの「マサイ・マーケット」を訪れて損はない。そこには確かに、求めている「原色のアフリカ」が広がっている。

エスニック色あふれる市場

3つの宗教の聖地で、文化を背負った市場を行く

ダマスカス門の前で開かれていた、靴が中心の市場。日によってラインナップが違う

エルサレム・アラブ人地区

左上／銀細工などを扱うお土産屋さん　右上／布はモロッコ産？エジプト産？　左／アラブ人でも肌の色はさほど黒くない

上／ごちゃごちゃ感が楽しいアラブ人地区。スカーフ姿の女性も多い　下／中東全般に共通する、派手で強烈に甘いお菓子の量り売り

左／旧市街の中には、露天も多い。ただし鮮度はいまいちに見えた

右上／こちらも中東でおなじみの水パイプ「シーシャ」。カラフル！　右下／カラフルなスパイス類。お土産用で、英語表記がされていた

【イスラエル／エルサレム】

マハネー・イフェダー市場ほか

「危なくないの？」

イスラエルに行くと告げると、友人の多くにそう聞かれた。一方で一度でも行ったことがある人は、口を揃えてこう言う。

「いいなあ、楽しんで！」

そうなのだ。イスラエルと聞くと危険な国の香りがプンプンするが、経験者の多くが「相当おもしろい」と絶賛する。

果たしておっかなびっくり初めて訪れた街エルサレムは、それはそれはおっかなかった。到着したのが深夜で、付近には歩いている人がいない。ホテルのある旧市街は城壁に囲まれていて、内部はまるで迷路のように複雑だ。しかも誰もいないかと思えば、角からライフルを持った巡回中の兵士がにゅうっと現れたりする。誰もいないのも怖い、誰かいるのも怖い……イスラエル初日はそんな気持ちで、やっとこさホテルに入った。

翌日こわごわホテルを出てみると、昨夜とは別世界だった。石畳の細い路地にはお店、お店、またお店。しかもお店の半分以上がお土産屋さんやレストランなど観光客向けで、ガイドさんを先頭に、ヨーロッパ系観光客が列になって歩いていく。

エルサレム・ユダヤ人地区

左／ひよこ豆のペースト「フムス」はユダヤ人定番フード

右上／新市街はヨーロッパ風。女の子のファッションもいまどき　左上／外からみたエルサレム。黄金のモスクが印象的

上／中東のご多分にもれず、ドライフルーツが充実　下／お買いものは男性の役目？ 右／お土産用のユダヤ帽「キッパ」

上／これぞ黒山の人だかり！礼拝時の「嘆きの壁」

「ここ、ものすごい観光地だねえ」

昨夜のゴーストタウンと打って変わったその風景を前に、私とダンナは唖然とした。日本人の私にとってイスラエルは「危険な国」というイメージだが、信仰を持つ人にとっては「見どころ満載の、一度は行きたい街」だ。ためしに宿にいたスカーフ頭のおばちゃんに話しかけると、「南アフリカに住むムスリムで、これからメッカに巡礼に行くの！」とウキウキしていた。

万国博覧会のパビリオンを巡る!?

実際、イスラエルの古都エルサレムは、3つの宗教の聖地とされている。キリストが処刑されたのはここエルサレムで、世界遺産の街を歩いていると「ここがキリストが十字架を背負って歩いた道です」なんてガイドさんの説明が聞こえてくる。一方イスラム教徒にとってもこの街は使徒マホメットが昇天した場所。街の中心には黄金のドームを抱いた巨大なモスクがさん然と輝いている。興味深いのは、モスクのすぐ下に、ユダヤ教徒の祈りの場「嘆きの壁」があるところ。祈りの日には真っ黒のコートと帽子に身を包んだ正統派ユダヤ教徒たちが、大挙して「嘆きの壁」に押し寄せ、真っ黒な海ができていた。

街の造りも3つの宗教で構成されている。私たちのホテルがあるエリアはイスラム地区で、例えばモロッコのフェズ

パレスチナ自治区

上／街の中心地。女性はスカーフを着用している人が多い

上／地べた営業率も高い
下／イケメン男子も多い？

上・下／スークは簡易的な露天が多い。売られているものもアラブっぽい
右／アラファト議長そっくり？

（Ｐ１２２参照）の旧市街など、いわゆるアラブの城塞都市と雰囲気がそっくりだ。入り組んだ路地の両側はスーク（市場）になっていて、カラフルなヴェールやアクセサリー、繊細な模様が入ったタイル、香水に香辛料など、他のアラブ諸国でおなじみのお土産物も多い。一方でたとえば教会の前などキリスト教徒が多い場所では、十字架やキリスト＆マリアが描かれたパネルなどを店頭に並べた、キリスト教徒向けのグッズ屋さんが目につく。

　再び「なんなんだこの街は」、と思った。まるでひとつの街に、世界の民族文化が集結している。そしてそれは交じり合わず、それぞれの色を放ちながら、この街で共存を続けている。それは例えば万国博覧会で各国のパビリオンを巡るような感覚に近い。ひとつの街の中で、景色がくるくる変わるのだ。

　それはそのまま市場にも当てはまる。イスラム地区のスークと、ユダヤ人が暮らす新市街にある「マハネー・イフェダー市場」を見比べてみると、野菜などの生鮮食品、ドライフルーツや豆などのスナックにはほとんど差異がない。ただし値札はそれぞれアラビア語とユダヤ語ときっちり分けられている。そして特筆すべきは、肉類の違い。イスラム教徒は豚肉を不浄として食べないが、それ以外の食生活に関しては、比較的自由。スークでも肉屋の店頭には、巨大なサメや生きたアヒルがダイナミックに並んでいる。一方ユダヤ教徒には「コシェル・フード」と

首都テルアビブ

左／野菜の種類は一般的だが、サイズが大きい　左下／街の中心地にあるビーチ　下／巨大キャベツを売る巨体お兄さん

上／安いお洋服目当てに、若い女の子が闊歩する　右／こちらがコシェル・フード　左／灌漑施設が発達しているせいか、果物も豊富

調味料類には輸入品も多く見られた。並べ方に店主のこだわりあり!?

言われる食事制限がある。だから一見ユダヤ人街の市場のほうが広く豊かなように見えるが、よく見るとイスラム地区のほうが、食料品、生鮮食品の選択の幅は広い気がした。

市場の違い＝背負う文化の違い

「時代が10年遅れてるって感じだよね」

ダンナがそうもらしたのは、「パレスチナ自治区」ベツレヘムを訪れたときだ。ベツレヘムはキリスト誕生の地として知られるが、現在の住民の多くがパレスチナ人。教会へ至る道には、女性用のスカーフが並んでいたり、アラブ圏特有の派手なプラスチック製品が目についたりする。地べたに布を広げただけの露天も多く、市場の呼び方も「スーク」のほうがふさわしい。

　一方で首都のテルアビブは、海岸沿いに高層ビルが建ち並ぶ大都会だ。ブラジルのリオ・デ・ジャネイロをもっとコンパクトにした感じの街には、水着の上にショートパンツとタンクトップを重ねた白人ギャルがよくお似合いだ。

　テルアビブの中心地にも、ローカルな市場があった。果物、パン、野菜など日用品に続いて、アクセサリー、Tシャツなどの露天が並んでいるが、そこにはどこかオシャレな雰囲気が漂う。繁華街にほど近く、いまどきの若者が群がっているからだろうか。ベツレヘムの市場が「スーク」だとしたら、テルア

JERUSALEM, ISRAEL

【イスラエル／エルサレム】
人口：約73万人（2007年）

マハネー・イフェダー市場
（Makhane Yehuda Market）

住：Agrippas St., Jerusalem, Israel
営：店により異なる。平日は早朝〜20:00、金〜15:00、土18:00〜20:00
休：金曜日の午後、土曜日の日中
交：旧市街のヤッフォ門から2km程度。No.3・20・23などのバスが通る
広：100m×100m程度のエリア
見どころ 真っ黒ルックでお買い物をする正統派ユダヤ教徒、旧市街イスラム地区との雰囲気の違い、商品ラインナップの違い

▶お土産度
地元の人のための生鮮食品がメインなので、観光客向けのものはない。ただしドライフルーツや豆類などは安く、お土産にもいい。

▶ローカル度
正統派ユダヤ教徒の男たちがワラワラと買い物をする姿は異国情緒あり。

▶アクセス度
新市街の大通り沿いにあり、バスや近々開通予定のトラムでアクセス可。ただし飛行機でエルサレムに行くには、ソウル等で乗り継ぎが必要。

▶危険度
スリ、強盗などは第三国に比べて少ないが、テロの脅威はある。ライフルを持った兵士による警備が厳重で、心理的にはそっちのほうが怖い。

▶自炊度
野菜は大ぶりで新鮮そう。ただしレストランの多い観光地とあって、自炊ができる宿は少ない。

▶屋台度
基本的に屋台文化はあまり発達していない。家で食べるのが基本、という雰囲気。トルコのドネルケバブと同様の「シャワルマ」をピタパンに挟んだサンドイッチ程度。

※ユダヤ人の多い新市街にある市。旧市街の中は街自体が市場のようになっている。お土産物屋に並んで、地元の人のため食料品・日用品の小売店が点在する。

ユダヤの有名パン2種

東京のカフェなどでたまにメニューに並ぶ「ピタサンド」。この「ピタ」が指すのは円形のパンで、イスラエルでは主食としてどの食事にも必ず登場する。一方で「ユダヤ人のパン」として知られるのが、ベーグル。ベーグルといえばニューヨークが有名だが、そもそもニューヨークはユダヤ系移民が多く、彼らが持ち込んだという。ただし本国のお味はといえば……まあ普通。特にベーグルはおなじみの形・モチモチ感のものは見かけず。ニューヨークのもののほうがおいしい気がする。

ビブの市場は「マーケット」だと思った。
イスラエルは難しい国だ。それは市場の光景からも、ひしひしと伝わってくる。何しろイスラエルの市場は、実にバリエーション豊かだった。それは並んだ品物のことではない。買い物客が背負った文化が、バリエーション豊かなのだ。
「もしこの街に住んだら、どの市場に行けばいいかねえ」。しばしダンナとそんな話で盛りあがった。豚肉が食べたくなったらキリスト教徒の店を探すしかない。羊はユダヤ教徒もイスラム教徒もOKだから、新鮮そうだetc……。そんな話をしながら、どの店で何を買ってもあまり差し支えのない自分が、自由であると同時に、ちょっぴり薄っぺらいような気もしてきた。

いかにも「羊飼いの少年」といった雰囲気のふたり。ウイグル人の子どもたちは目がクリッとしていてかわいい

エスニック色あふれる市場

中国の中の異文化市場 ここから中央アジアが始まる

【中国／新疆ウイグル自治区】カシュガルの日曜バザール

「あっちに歩いていけばわかるさ!!」。バザールへの行き方を聞くと、お店のおじさんは豪快に笑った。お礼を行って道を進みだすと、なるほどおじさんの笑みのわけがわかった。歩いて行くうちに少しずつ人が増えだし、気づけば市場の喧騒の真っ只中へ。

山のように詰まれたスイカに、特産のメロン。布に並べられたトマトの前で、たっぷり髭をたくわえたおじさんたちが、これでもかと声をあげて呼び込みをしている。その横を、ゆっくりゆっくり通り過ぎていくのは、巨大な荷車をひいたロバ。いよいよここから中央アジアが始まる……市場全体から、そんなエスニックな香りがプンプンと漂っている。

独立問題を抱く、イスラムの地

左上／この市場で大活躍なのがロバの荷車。荷物を運んだり、人間を乗せたり……。ただしうかうかしているとひかれる!?　右上／原色＋スパンコールを多用したドレスは結婚式など特別な場で踊り子さんたちが着るもの。この派手さがエキゾチック　右下／地べたに山積みになったひょうたん。砂漠気候のため、昔からひょうたんは水入れなどに活用されてきた

新疆ウイグル自治区・カシュガル——お隣の国パキスタンまで距離にしてわずか400キロ強のところにあるこの街は、いまも人口の9割がイスラム教を信仰するウイグル人で占められている。古くからシルクロードの要衝として、またイスラムの拠点都市としても発展し、遺産保護地に指定されている街でもある。ここで毎週日曜日に行われる定期市は、「ここにないものはない」と言われるほどの規模を誇るもの。周辺の村々から買いつけにくる人々で、カシュガルは日曜日だけ人口が爆発的に増えるという。

とはいえ、これだけ大勢の人がひしめいている市場なのに、そのほとんどがウイグル人と観光客で、「ザ・中国人」といった漢民族の姿はほとんど見かけない。カシュガルを含む新疆ウイグル自治区ではいまも独立問題がくすぶり、しばしば民族対立に端を発する暴動も起こっている。確かにこの市場の光景は、民族対立の溝は深いな……というのをまざまざと感じさせられる。中国の中において、ここは明らかに異文化だ。

圧巻の家畜市、女たちの衣料品売り場

日曜市はエリアごとに売られている商品が分けられているが、なかでも圧巻なのは、家畜市。ロバ、羊、ヤギ……生きたままの動物たちの横で、男たちは大声を出しながら交渉してい

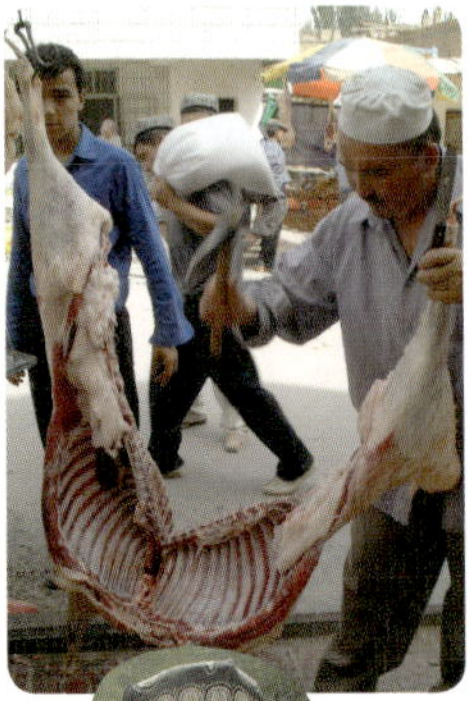

右／羊をまっぷたつにさばくおじさん。その手に迷いはナシ、あざやか 中央／いちじくをタライに入れて売るおじさん。買うと葉っぱの上に載せてくれる 左／衣料品エリア。どこの国でもバーゲン風景は同じ!?

スイカいっぱいトラック

洗剤とヤギ
お買いあげ！！

　市場には女性の買い物客も少なくないが、こと家畜市では売り手も買い手もみんな男性。ハンチングやウイグルの伝統的な帽子を被った男たちは、いかにも血気盛んで、「肉食系男社会」という雰囲気がプンプン漂っている。脇では豚を屋台にぶら下げ、背筋にそってガンガン切り開いているおじさんの姿も。かと思えば、交渉しているおじさんの足元から、羊のお尻がプリッとのぞいていたりもする。ここでは動物と人が、ごく自然に共存している。

　広大な市場は、眺めていて飽きることはない。丸いドームを頭に被ったイスラム式の建物の内部には日用品や衣服を扱うお店が軒を連ね、スパンコールを多用した原色のドレスや、妙に彫りの深いマネキンが目を楽しませてくれる。刺繍がほどこされたベスト、いかにも民族衣装といった雰囲気のドレスを前に、観光客と店主がやりあっている。地元のおばちゃんたちがむらがっているのは、頭に巻くスカーフの大安売り。「安いよ安いよ！」と言っているのだろうか、威勢のいい声の下で、カラフルなスカーフの山がみるみる小さくなっていく。イスラムの国の女性たちは頭巾を被らされてかわいそうだという見方もあるけれど、この光景を見る限り、彼女たちはそれぞれ頭のおしゃれを楽しんでいる。思わず私もその輪の中に加わって、スカーフの奪い合いをしたい衝動にかられてしまった。

　一方で食べ物にも、中央アジアの香りはぐんと濃くなる。つ

KASHGAR, UYGHUR, CHINA

【中国／新疆ウイグル自治区・カシュガル】
人口：約35万人（推定）

カシュガルの日曜バザール
（Sunday Bazaar in Kashgar）

住：喀什市艾孜来堤路附近
営：日7:00～18:00頃
休：月～土
交：市内中心地エイティガール寺院から徒歩5分程度
広：200mほどの通りの両サイドに露天が並ぶ。また衣料品、日用品などは屋根つきのスペースで販売
見どころ 中央アジアっぽい雰囲気、家畜市、荷車をつけて活躍するロバなど動物

▶ お土産度
衣料品売り場の一角に民芸品売り場があり、じゅうたんや民族衣装などが売られている。

▶ ローカル度
観光客もいるが、売り買いしている人は圧倒的に現地の人。

▶ アクセス度
パキスタンに近く、陸路ではかなり遠い。飛行機だと中国国内で乗り換えが必要。ただし市場自体は中心地から徒歩圏内。

▶ 危険度
人出が多いので、スリに注意。また政治情勢が不安定なので、行く前には必ず確認を。

▶ 自炊度
旬の食材が山積みになっている。ただし食材の種類自体は漢民族の市場のほうが多い。

▶ 屋台度
市場の合間に点在する。ラグ麺や肉まん、カットフルーツなどの屋台が出る。

上／首から提げたエサ袋でランチ、のロバさん　下／イエーイ！ 案外カメラ好きなウイグルの男たち

やつやした茶色のナツメヤシはピラミッド型に丁寧に積まれ、タライには砂糖漬けにされた黄色いいちじくが、花のように美しく並べられている。主食であるナンはベーグルをちょっと大きくしたようなルックスで、毛むくじゃらのおじさんにむんずとつかまれて買われていった。

市場の片隅には、ポツンポツンと屋台がある。ウイグル風うどんともいうべき名物のラグ麺を食べながら、ふと思い立って隣のおばちゃんに話しかけてみた。カメラをぶら下げ、明らかに観光客だとわかる私たちが日本から来たんだと伝えると、彼女は豪快に笑いながら言った。「カシュガルに日曜日に来たの、正解ね！」。

エスニック色あふれる市場

民族衣装着用率ナンバー1 定期市ファッション対決!?

【グアテマラ／チチカステナンゴほか】

木曜・日曜市

「あ、着てる！」——空港から出て、私は早くも興奮していた。人口の4割を先住民が占めるグアテマラには地域ごとの美しい民族衣装が存在し、そのカラフルさは「グアテマラ・レインボー」と呼ばれている。「グアテマラ・レインボー」に出会えるのは、「世界一美しい湖」と言われるアティトラン湖周辺。先住民が多く暮らすエリアで、女性はみなビール樽のような体型に寸胴の腰巻をつけ、ウイピルという貫頭衣を着ている。ウイピルや腰巻の柄は村ごとに決まっているが、なにしろその手の込みようったらない。びっしり色が織り込まれた布の上に、さらに極彩色で手刺繍がほどこされていたりする。

　この地域では毎週決まった曜日ごとに各エリアに市が立つが、中でも有名なのが、チチカステナンゴの木曜市、日曜市だ。人口1万人程度ののどかな街だが、市の日は道の両脇に屋台が並び、緻密な柄のウイピルを着た先住民と、旅ルックに身を

CHICHICASTENANGO, GUATEMALA

【グアテマラ／チチカステナンゴ】
人口：約1万人（推定）

木曜・日曜市
（Mercado de Chichicastenango）

住：5a Avenida, Chichicastenango, Guatemala
営：木・日10:00～18:00頃
休：市が立つ以外の日。普段はのんびりとしている
交：グアテマラ・シティから3時間程度、サント・トマス教会周辺
広：市が立つのは周囲200mだが、実際の広さ以上に広く感じる
見どころ 村ごとの民族衣装、民芸品コーナー

▶ **お土産度**
民芸品コーナーにはグアテマラが誇る、ハデハデ布製品がズラリ。ただし日本に持ち帰るなら、ハデ具合を吟味して、値切り交渉はしっかりすること。

▶ **ローカル度**
民族衣装着用率が高いせいか、欧米からの外国人観光客が多い割には、ローカル感満載。

▶ **アクセス度**
そもそも日本からグアテマラが行きにくい。私はメキシコシティを経由して行った。

▶ **危険度**
市場内ではスリに注意。またグアテマラ・シティは治安が悪くなっているので、旅のルートも吟味すべし。現地では先住民の方々に誤解を与える行動は慎もう。

▶ **自炊度**
屋内に野菜などの生鮮品コーナーがある。鳥はチキンがほとんど。

▶ **屋台度**
市場の中ほどに広い大衆食堂があるが、屋台自体は少ない。また、市の周辺には観光客向けのレストランが点在している。

左／サント・トマス教会の周囲に市が立つ。教会前でお花を売る先住民のおばちゃん　右／布製品はごらんのとおりのハデハデさ！一説には宇宙と交信している、とも!?

上／食料品コーナー。トマト、じゃがいもが圧倒的人気。種類は決して多くはない
右／グアテマラの主食は、トルティーヤ。メキシコのものより厚めで、粗野な味

包んだ欧米からの観光客（これが意外に多い）で賑わっていた。日用品や生鮮食料品エリアもあるが、道で目につくのはお得意の刺繍、織物などの民芸品コーナー。地域ごとのウイピル、頭に巻く織ヒモ、動物や鳥などの柄が織り込まれたタペストリー、幾何学模様のポーチやバッグなどが並び、目がチカチカしそうな極彩色の世界が広がっている。世界各地で民芸品市場を訪れたが、これほど濃厚に柄と色が詰まった場所は初めてだ。

売り手の先住民のおばちゃんはたいてい無愛想だが、これだけの衣装をまとっていると、どこか凛々しく胸を張っているようにも思える。民族衣装の世界遺産があれば、ここは間違いなく登録されるはず……極彩色の市場の中で、私はそう思った。

まだまだある！

世界エスニック市場リスト

伝統的な民族衣装の人たちが集う市場に行くと、「ああ世界は広いなあ」としみじみする。そんなエスニック色あふれる市場、ほかにもまだまだあります。

A ホルメス・カウンティ・フレア・マーケット
The Holmes County Flea Market

【アメリカ／オハイオ】

馬車に乗り、自給自足するドイツ系アメリカ人の市

アメリカにアーミッシュという人々がいるのをご存知だろうか？彼らは厳格な宗教規則の下で暮らすドイツ系アメリカ人で、お揃いのシンプルな白いエプロンに身を包み、馬車に乗り、昔ながらの自給自足生活を送っている。彼らが作る農産物はオーガニックでおいしいと評判で、オハイオ州周辺では、いくつものアーミッシュ・マーケットが開かれている。中でもレストランも併設されたこちらのマーケットが評判。農産物、加工品のほか、民芸品のショップも。

住：East of Berlin at 4550 state Route 39 Ohio, U.S.A.
営：木・金・土9:00〜17:00（4月〜12月）
休：上記以外、冬季
交：SR 39沿い、ベルリンの街から東へ半マイル。Zinck's Fabric Outletの裏手
広：倉庫のような建物に、70店あまりの小売店が並ぶ
HP：http://www.holmesfleamarket.com/

B ジェンネの月曜市
Monday Market, Djenne

【マリ／ジェンネ】

泥でできたモスクと原色の青空市

泥で作られたユニークな形のモスクが有名な世界遺産の街ジェンネ。モスクの前では毎週月曜日になると西アフリカ最大と言われる青空市場が開催される。食料品、衣料品や日用雑貨などを扱う露天が延々と続き、人でひしめき合う光景はまさに圧巻。背後の茶色いモスクとファッションショーかと見まがう派手な民族衣装＆豪華なアクセサリーをまとった女性たちのコントラストが美しい、フォトジェニックな市場だ。

住：Djenne, Mali
営：月10:00〜17:00（店により異なる）
休：火〜日
交：首都バマコからは574km、陸路の場合は所要2日。モプティから130km
広：町の中心地、モスク前の広場＆500mほどの通り

E

ジンカの土曜市
Jinka Market

【エチオピア／ジンカ】

世界ビックリ人間が集う アフリカらしい民族市

「世界の変わった民族」をリストアップすると、必ずと言っていいほど登場するのがムルシ族。東アフリカ、エチオピア南部に暮らす少数民族で、下唇に穴を開け、巨大な木のお皿をはめ込んだ強烈なルックスをしている。

彼らが集うのが、ジンカの町で毎週土曜日に開かれる市場。この日になるとムルシ族は村から出勤し、市場の入り口で観光客のカメラに写っては1人あたり2ブル（＝約16円）の撮影料を稼ぐ。

ムルシ族は驚くほど観光客慣れしているが、市場自体はローカル向け。ほかにも周囲に暮らすバンナ族、アリ族など様々な民族が集って、未舗装の土っぽい広場には、布やシートを広げただけの青空市場が広がっている。カラフルな布をまとった黒人女性も多く（ちなみにエチオピアは美人が多い!）、アフリカの片田舎らしい素朴な賑わいに満ちている。

ただし売っているもののバリエーションは残念ながら貧弱。トマト、玉ねぎ、じゃがいもといった一般的な野菜が多く、やせた土壌を物語っている。

住：Jinka, Ethiopia
営：土10:00～17:00（店により異なる）
休：日～金
交：首都アジスアベバから自動車で2日。飛行機は週2便程度、所要約2時間。
広：町の中心地、300m程度の通りに市が立つ

D

サパの土曜市
Sapa, Saturday Market

【ベトナム／サパ】

黒装束に身を包んだ 少数民族に囲まれる!?

山岳少数民族が多く暮らすベトナム北部では各所で市が立つ。中でも規模が大きいのが、サパの土曜市とバクハーの日曜市。どちらも待ってましたとばかりに各地から少数民族の人々が集い、市場は民族衣装をまとった人で大賑わい。黒装束をまとった女忍者のような黒モン族を筆頭に、モン族・赤い帽子がおちゃめな赤ザオ族、蛍光色の刺繍がびっしり入った衣装をまとう花モン族など、美しい民族衣装コレクションが見られる。

市場で売られているのは野菜を中心にした生鮮食品や穀物類、日用雑貨が多く、女性たちは買い物をするやいなや、背中にしょったカゴに商品を入れていく。

ただし彼女たちの中には観光客を見付けると、すかさずお土産物を売りつけてくる人も少なくない。その営業トークはいささか強引だけど、それもご愛嬌。実際、民族衣装を使った小物などは手がこんだキュートなものも多く、お土産買うから写真撮らせて!なんて交渉するのもありかも。

住：Cau mai St., Sapa, Vietnam
営：6:00～18:00頃（店により異なる。ただし土、日が規模が大きい）
休：なし
交：サパ市場は市内中心地。バクハーの市場へはバスターミナルから所要2時間半
広：150mほどの通り

C

バルコル
八角街

【チベット／ラサ】

チベット仏教の真髄 仏具と信心に満ちた市場

チベット自治州の州都ラサの中心地に「ジョカン」というお寺がある。ここはチベット仏教では大切な巡礼地のひとつで、お寺のまわりを囲むように一大民芸品市場「バルコル」が広がっている。

売られているのはチベット仏教関連のグッズが多く、チベットの人々の信仰の深さが見て取れる。お寺の入り口ではお供え用のヤクバター（ヤクという高原牛からとれるバター）が売られ、タルチョ（5色の旗がついた飾り物で、飾るとお経を読むのと同じ効果がある）、マニ車（お経がかかれた手持ち車）など、露天にはチベットでしか見ない仏具が並ぶ。

昔ながらの建物が続くバルコルを散策していると、あでやかな民族衣装姿のチベット人に混じって、一人で地面に体を投げ打って五体投地をしている巡礼者に出会う。観光客がお土産物をあさるなか、一心に祈る彼らの姿は胸を打つ。ただし残念なことに年々街の風景は中国化している。チベットの巡礼地らしい華やかな市場の光景も、そのうち見られなくなるのだろうか。

住：西藏自治区拉薩市八角街
営：10:00～18:00頃（店により異なる）
交：雲南省の成都から空路、もしくは西寧から青蔵鉄道でラサへ。行く場合は入域許可書が必要。バルコル自体はラサの中心地にある
休：なし
広：ジョカンの周囲を囲むように、300m×300mほどの広さのエリアに広がる

市場で出会った人たち

フナ広場の大道芸人たち
ちなみに撮影料、けっこうとります

@モロッコ

笑顔大賞。帽子もお似合いです

@ウズベキスタン

今日のは大きいぞ〜

@ブラジル

まゆげがおしゃれのポイント

@中国・新疆ウイグル

「今日の商売は諦めました。ぐー」

@カンボジア

市場豆知識 ❹ 世界の「市場」の呼び方

各国語で「市場」の呼び方はそれぞれ違う。覚えておいて現地で連呼すれば、気付けば市場にたどり着いているはず。妹尾河童さんのように港に連れていかれることもあるかもしれないが……（P144参照）。語系ごとに微妙に似ているのもポイント。

□ 英語 ⇒ 「マーケット」
□ スペイン語 ⇒ 「メルカド」
□ フランス語 ⇒ 「マルシェ」
□ イタリア語 ⇒ 「マルカート」
※ちなみにイタリアの植民地だったエチオピアでも「マルカート」
□ ドイツ語 ⇒ 「マクルト」
□ ロシア語 ⇒ 「ルィーナク」
□ 中国語 ⇒ 「シーチャン」
□ 韓国語 ⇒ 「シジャン」

□ タイ語 ⇒ 「タラート」
□ マレー語／インドネシア語 ⇒ 「パサル」
□ ベトナム語 ⇒ 「チョー」
□ ヒンディー語 ⇒ 「バザール」
※ペルシア語、ウルドゥー語、トルコ語などもこれ
□ モンゴル語 ⇒ 「ザハ」
□ アラビア語 ⇒ 「スーク」
□ スワヒリ語 ⇒ 「ソコ」
※「市場は“そこ”」で覚えやすい

商品に埋もれる人

真剣に運ぶ人

毒素を抜いてるんだそう

真剣に選ぶ人

自転車の達人

技アリ! 市場の人気者

アイディア大賞。傘がお店に

世界の泥棒市

世界には「泥棒市」の異名を持つ市場も少なくない。その名のとおり、売られているものの中には盗品もちらほら。ちょっとスリリングな「世界の泥棒市」をまとめてご紹介しよう。ただし周囲は治安が悪いことも多いので、荷物にはご注意を。ちなみにほかにもペルーのクスコ、イタリアのローマ（市場名「ポルタ・ポルテーゼ」）など、「泥棒市」の名称を持つ市場は世界に少なくない。

テピート【メキシコ／メキシコシティ】

世界最大の海賊版天国

中米最大とも、世界最大とも言われる、巨大な泥棒市。泥棒市とはいえ、新品のものを売る露天も多い。売られているのは古着を含む衣類、雑貨、電化製品など日用品が多く、屋台街もある。そして特筆すべきはコピー製品の多さだ。音楽CDや映画のDVD、VCD、そしてファミコンのカセットのコピーまであった。市場があるのはアジア人が事件に巻き込まれることも多いと言われる犯罪多発地区で、実は行くまではかなりビビっていた。が、行ってみるとそのエネルギーあふれる光景に、すっかり夢中になって長居してしまった。

住：Btwn Eje 1 Oriente & Reforma, Heroe de Granaditas, Centro Historico, Mexco／営：水～月10:00～19:00（店により異なる）／休：火／交：メトロLagunilla駅下車すぐ／広：400m×400m程度のエリアに露天がひしめきあう／**見どころ** 海賊版CD&DVD、電化製品、盗品とおぼしきもの

エルアルト【ボリビア／ラパス】

「田中」ジャージまである古着市

ボリビアの首都ラパスからバスで30分、標高4150mのところにある街エルアルトで毎週木、日曜に行われている。おそらく「世界で一番標高の高い泥棒市」だろう。市場のメインは衣類。通りには簡易テントが貼られ、その隙間をぬうように地べたに布を広げた古着露天商が並ぶ。puma、NIKEなどのスポーツ系コピー製品、ヨレヨレの靴の山などが目につく。中には胸に「田中」「山田」と刺繍された日本の中学校のジャージまであった。おそらく国際援助の一環で届けられた日本の古着が売りさばかれているのだろう。

住：El Alto, Bolivia／営：木・日10:00～18:00／交：サンフランシスコ寺院前からミクロで所要30分程度。またエルアルト空港行きのバスを途中下車する手もある／広：300m×300m程度、道は歩行者天国に／**見どころ** 古着、中には日本製のものも

クロントム【タイ／バンコク】

泥棒市場

バンコクの中華街ヤワラーの奥にあるクロントムは、別名「タラート・ムート」（暗い市場）の異名を持つ。怪しげなパーツを並べるお店が多く、週末は特に露天の数も人通りも増える。商品は機械部品や工具、携帯パーツなど男子が喜びそうなものがいっぱい。ネジや釘などこまごましたものも多い。ほかにも定番の海賊版DVDやCDなどもある。中にはガラクタにしか見えない車や家の部品、食器なども多く、値段を聞いても明らかに今決めたとおぼしき返事が返ってくることも。そのカオス感と適当さが、この市場の魅力。

住：Charoen Krung Rd沿い、Suapa Rd.とChakrawat Rd.の間に広がる／営：平日から営業する店もあるが、土17:00～は露天が増え、蚤の市のような雰囲気に／交：ヤワラー（チャイナタウン）にある。バス1・4・21・25・40・53・73・501・507・529が通る／広：100m×200m程度／**見どころ** ガラクタに見えるパーツ、妖しげな雰囲気

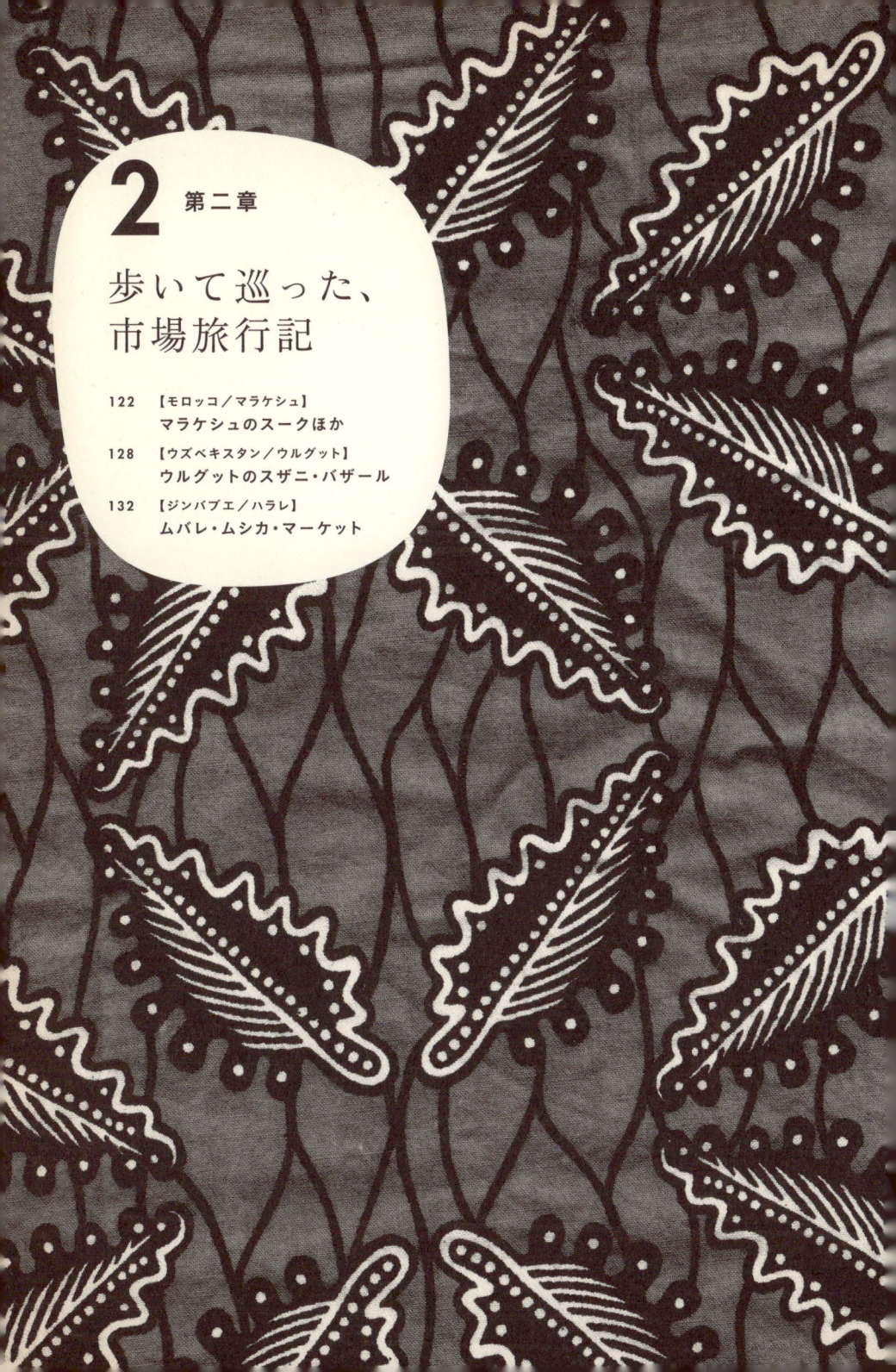

2 第二章

歩いて巡った、市場旅行記

雑貨王国か、がめつい国か モロッコにまつわる賛否両論

マラケシュのスークほか 【モロッコ／マラケシュ】

モロッコは、評判の分かれる国だ。「人がうるさい」「自称ガイドが多く、だまされた」などの悪評は長期旅行者の間でよく聞く。一方で、「モロッコ大好き！」という人も多い。特にモロッコ雑貨はカワイイと評判で、昨今は女性向けの雑誌でとりあげられることも少なくない。モロッコ料理の必需品、とんがったふたを持つ「タジン鍋」はブームとも言えるほど人気で、うちの近所のスーパーでさえ売っているほどだ。そんな賛否両論の国、モロッコ。私は賛なのか否なのか、この目で確かめてみたい……私のモロッコへの思いは、行く前から高まっていた。

けれど、始まりは最悪だった。乗っていた飛行機が首都カサブランカに着陸する瞬間にグラリと傾き、「グオーッ」と爆音をあげて再上昇したのだ。機体が着陸に失敗したのは明らかで、飛行機嫌いの私は顔面蒼白になった。「このままモロッコに着けず、ここで人生が終わるんじゃないか」、そんな思いが頭をよぎる。他の乗客も同じ思いだったようで、機内はシーンと静まり返り、それがかえって緊張感を増していた。結局機体は約20分後ぐらいに無事カサブランカ空港に到着した。着いた瞬間、機内からは大きな拍手がわきおこったが、私は「モロッコとは相性が悪いかも……」とちょっぴり不吉な思いを抱いた。後から知ったことだが、港町カサブランカは強風が吹くことが多く、着陸できないこともしばしばあるらしい。

けれどそんなモロッコに対する不信感は、「世界最大の迷宮都市」と言われるフェズに到着して、ひっくり返った。城壁に囲まれた旧市街の中は、細い路地がうねうねと入り組んでいる。中にはちゃんと「目抜き通り」がいくつかあり、両サイドには商店がぎっしりと並んでいた。「モノがぎっしり」という光景に無条件に興奮してしまう私は、まさに街中が市場のように見えるフェズ

フェズの庶民的な野菜スークは、21時過ぎまで開いていた。闇夜、裸電球の下にトマトが輝く

の景色に、テンションがあがった。

そもそもイスラムの影響を受けた地では、フェズのような「城壁に囲まれた迷路のような旧市街」は少なくない。例えば本書でも紹介したタンザニアのザンジバル島のストーンタウン（P32参照）、エルサレムの旧市街（P104）、マリのジェンネ（P116）など。これらの街は外敵の侵入をふせぐために複雑化されていて、そこに「イスラムの英知」が見てとれる。その英知はいまも健在なようで、外からの侵入者である私たちは、道に迷っているうちに「あ、あれステキ」と、つい足が止まってしまっていた。路地にはお土産物屋さんも多いが、噂にたがわずカワイイものが目白押しだ。鉄でできたランプシェード類は、部屋に置いておくだけでオシャレ度が増しそうだ。バブーシュと言われるモロッコ式スリッパは、カラフルなうえにデザインもさまざま。中でも「フェズブルー」と呼ばれる白地に青い絵柄が入った陶器は私の好みのど真ん中で、「重いし割れるから、やめとけば？」という同行のダンナの意見は全面的に無視し、私は「フェズブルー」を手に入れるべく、ハンターのような目で路地を歩きまわった。といってもフェズの道は複雑すぎて、「迷いまわった」と言うほうが正確だが。

そんな私が言うのもなんだが、こういったお土産屋さんが多い街では、お買い物にもコツがある。それは「品揃えがよく、比較的良心的なお店で、まとめて買うこと」だ。モロッコを筆頭に、これらの街ではお買い物はたいてい交渉制だ。しかもよく見れば隣のお店も、同じような品揃えだったりする。だったらまとめて買ったほうがお得になることが多いし、交渉の手間もはぶける。そう思った私は、結局3日間迷宮都市をさまよったあげく（その間、もちろん色々なものをお買い上げしつつ）、大本命のフェズブルーを、とある1店でドドーンと買って、ホクホクしながらフェズを後にした。

屋台ワンダーランドで、ご立腹事件勃発

次なる都市、マラケシュでの目的は決まっていた。夜になると巨大な屋台街が現れる旧市街の「ジャマ・エル・フナ広場」を見ること。そして世界最大といわれるスーク（市場）でお買い物をすることだ。実際、初めて見た夜のフナ広場は、想像以上に華やいでいた。屋台から立ちこめる煙、活気に満ちた客引きの声、さまざまな芸を披露する大道芸人たち。まるで「屋台ワンダーランド」というべき賑やかな広場に、私は小躍りしながら乗り込んでいった。

けれど、そこに落とし穴は潜んでいた。観光客で賑わうフナ広場は、各国語で話しかける客引きがいて、歩くだけで「オイシーヨー」「メニューアルヨ」など、日本語があちこちから飛び交ってくる。私たちはそんな中をブラブラ歩きながら「一番おもしろいことを言った客引きについていこう」と話していた。「オッパッピー！」「うーん、古いなあ」「オウベイカ！」「うーん、それもねえ」、そんなことを言いながら歩いていると、「ノリピー、シワケ、アキハバラ！」という声がかかった。「とりあえず最近流行らしい日本語を全部並べてみました」という節操のなさが笑えて、私たちはその客引きのお店についていくことにした。

幾何学模様がかわいい、セコマ社の陶器。レストランでもよく見かけた

　案内されたのは隣の店とほぼ同じような屋台形式のお店だ。「シシケバブ、オイシイよ」「魚もオススメ」という客引きの言葉のままにメニューをオーダーしたのだが、それがいけなかった。最後にお会計をしてみると……「270ディラハム＝（約3780円、2009年12月当時）」。日本円にするとたいしたことないが、ここはペットボトルの水が2ディラハム（約28円）、物価は日本の1/5程度のモロッコだ。しかも簡易的な屋台であり、格式ばったレストランではない。「なんでそんなに高いの！」とレシートをチェックすると、パン代、付け合せのオリーブ代などがちょこちょこと、しかもけっこうな値段が上乗せしてある。「このパンがなんでこんなにするわけ？　だいたい、これメニューと値段違うじゃん！」。私は日本語であれこれがなりたて、値段交渉し、お店を出たときにすっかりモロッコが嫌いになっていた。

がめついモロッコ人に、交渉する気をそがれて

　一方のスーク（市場）はといえば、これまたフェズ同様、カワイイものが満載だ。世界最大と言われるだけあって、種類もフェズよりずっと多い。フェズで見かけなかったカゴのバッグは、シンプルなものからカラフルなスパンコールが織り込まれたものまであり、ついつい目移りしてしまう。フェズブルーこそ少なかったものの、カラフルに絵付けされた陶器も充実している。

　とあるお店をのぞいていると、セコマ社の陶器が並んでいた。セコマ社はモロッコを代表する陶器メーカーで、日本のネットショップでもよく見かける。けれどフェズではセコマ社の陶器は見かけず、フェズブルーの陶器を買ったお店で聞くと、「セコマ

社は火事により生産を中止している」とのこと。そんなところに、在庫のあるお店に出会ったのだ。火事の噂が本当なら、いま買わないともう永遠に買えないかもしれない！　そう思った私は「多少高くても買う！」という鼻息の荒さで、店員に値段を尋ねた。するとぶっとい眉毛の若い店員は、私が指差したお皿をちらりと見て、言い放った。「600ディラハム＝（約8400円）」。……冗談じゃない。セコマ社のものは工場で大量生産されている陶器で、日本でさえお皿一枚1980円ほどで売られている。私はいかにもがめつそうなモロッコ人あんちゃんに「日本で1／4の値段で売ってるよ！」との捨て台詞を残し、プリプリしながらお店を去っていった。いくら交渉制とはいえ、最初の値段が高すぎると、交渉する気にすらならない。

　マラケシュに来てすぐに、「モロッコ人、特にマラケシュの商人はがめつい」、私とダンナはそんな共通見解をもった。と同時に、最初のモロッコへの不信感がふたたび募る。エキゾチックな風景はステキだ。中東らしいセンスが活きた雑貨もカワイイ。だけどモロッコ人はちょっと合わないかも……。

巨大&絶品野菜と、フナ広場の法則

　そんな不信感を抱いたまま、翌日を迎えた。本日もまた、スーク散策だ。本当は観光のめぼしもつけていたのだが、いざ歩きだすといちいち絵になる光景が出てきて、つい足が止まってしまう。そうしてわかったのは、初日私たちが歩いたのは、観光エリアの中心にある、お土産物屋の多いスークだったということ。歩いていくうちにお土産物屋さんは減り、代わりに八百屋さん、店頭にパンを置いた雑貨屋さん、羊を体ごとブラ下げた肉屋さんなど、庶民向けのお店が増えていく。モロッコの国民的ドリンク、ミントティー用のミントを山積みにしたリアカーも停まっている。

　中でも目にとまるのは、八百屋さんだ。売られている野菜はじゃがいも、ナス、トマトなど、一般的なものが多いが、なぜだかどれも日本の2倍はありそうなほど巨大だ。ターバンをたらした粋な雰囲気のお店のオヤジに「でっかいねえ」というジェスチャーをすると、彼は巨大じゃがいもを顔の前にさし出して、「でっかいぞう」とばかり、にんまり笑った。しかもモロッコを代表するタジン料理では野菜がたっぷり使われ、特にじゃがいもはホクホクしていて絶品だ。続く魚屋さんでは、ヒ

無造作に積まれた野菜たち。カリフラワーは特に巨大

ゲのおじさん店主が魚をむんずとつかんで持ち上げ、はい、ポーズ。疲れて立ち寄ったお菓子屋さんでは、「どこから来た？」「おいしい？」など陽気なジェスチャートークが続いた。うん、なんだかモロッコ、いい感じだ。庶民の街を歩きながら、私は自分が徐々にモロッコに心を開いているのを感じていた。

夜になって私たちは、またもやフナ広場に繰り出した。フナ広場は相変わらず人で賑わっていたが、よく観察していると、そこには明らかな境界線があるのがわかった。地元モロッコ人が集まる店と、欧米人など観光客が多い店とハッキリ分かれているのだ。欧米人は私たちが昨夜ひっかかったような客引きがいるお店が多い。一方でモロッコ人が多いのは、ハリラというスープ屋さんや、屋台街の端に一列に並ぶエスカルゴの煮込みを売る店。その後ろにこれまた一列に並ぶオレンジジュース屋台にも、次々と地元の人が立ち寄っている。

そんな中にあって、ひときわ目立つ屋台があった。「14」という札がつけられた店の前だけ、黒山の人だかりができている。見ればそのお店は大きな鍋に油をたっぷり入れた、「フライ屋さん」だった。油の中に次々と入れられるのは、白身魚やポテトなど。ジュワッと派手な音がしたかと思うと、巨大な網ですくいあげられて、お客さんの前にアツアツが届けられる。私たちはその熱気に誘われて、黒山の人だかりの一群に加わった。待つこと、30分。いざ席につくと、紙が配られ、そこにフライが載せられていくのだが、そのおいしいこと！　付け合せに出されたナスのペーストと、モロッコの丸いパンとの相性もバッチリで、私たちはガツガツとフライをおなかに押し込んだ。最後におそるおそるお会計をしてみると、ふたりでたったの42ディラハム（＝約590円）。そうだよ、やっぱり屋台メシは安くなくっちゃ！と私とダンナはガッツポーズをした。

助っ人モロッコ少年の誠実さ

フナ広場の楽しみのひとつに、屋台のハシゴがある。私たちはその後ハリラ（モロッコ風スープ）のお店も立ち寄った。「2つ！」とジェスチャーでオーダーすると、巨大な鍋からすくわれたスープが目の前にドンと置かれた。私たちは前もって「いくら？」と聞くと、学生かと思うような10

ローカルの人に人気のエスカルゴ。ちょっぴりスパイシーなスープがたっぷり入っている

代の男の子が、「3ディラハム」と指を3本差し出した。「ああ良心的だなねえ」なんてダンナと顔を見合わせた瞬間だった。奥からでっぷり太ったオヤジが現れ、男の子に対して文句を言いだしたのだ。詳細はわからないが、どうやら私たちがからんでいる話らしい。おそらく「観光客なんだから、もっと高い値段言えよ！」というような雰囲気だ。対する男の子も負けてはいない。ひとしきり2人は何かを言い合っていたが、しばらくするとケンカは収束した。そうしてその男の子が私たちの脇を通った瞬間、こちらを見てニッと笑って指を突き立てたのだ。それはなんだか「君たちのことは俺が守ったぞ」とでもいうような、そんな心強いジェスチャーだった。

旅人の中で「この国の人はいい人」「あそこの国は嫌なやつが多い」なんて話はよく出る。けれど考えてみれば、どこの国だっていい人もいれば、悪い人もいる。それを一元的に見て、「あそこの国の人は……」と語るのは、しょせん旅人のエゴにしかすぎない。私たちを守ってくれた（であろう）少年の後姿を見ながら、私はそんなことをぼんやりと考えていた。

その後もモロッコ旅は、刺激のオンパレードだった。満月で照らされたサハラ砂漠の美しさ、道中で食べたおいしすぎるタジン料理、愛想のいい猫たち……。モロッコ旅は一晩では語りつくせないような、濃い旅だった。何より時にがめつく、時に愛嬌たっぷりのモロッコ人とのやりとりと、かわいすぎる雑貨で彩られたスークは、いまでも心に刻まれている。

賛否両論の国、モロッコ。私は圧倒的に「賛」派であり、またすぐにでも行きたいと思っている。

MARRAKECH, MOROCCO

【モロッコ／マラケシュ】
人口：約66万人

スーク（Souk）

住：フナ広場の北側、Rue Souk Smarin周辺一帯
営：10:00～20:00（店により異なる。フナ広場に近い店は、22時、23時までやっている店も）
休：金曜日の午後（店により異なる）
交：フナ広場から北側がスーク。タクシーなどが通れない細い路地も多く、徒歩が基本
広：500m×500mほどのエリアに、無数の店がひしめく

▶お土産度 ●●●●●
とにかくカワイイ雑貨類が多い。ランプシェードは後のインタビューで、女優の鶴田真由さんもお買い上げしたという（P140参照）。ほかに皮でできたスリッパ・バブーシュ、陶器、アクセサリーやキーホルダー、布製品、革製品、各種スパイスなどとにかく種類も豊富。アラブっぽいエキゾチックなデザインも多く、キラキラしたものが好きな女性なら興奮するはず。

▶ローカル度 ●●○○○
上記に書いたように、エリアによる。フナ広場周辺は観光客も多く、ローカル度は決して高くない。

▶アクセス度 ●●●○○
フナ広場は観光の拠点であり、そこからスークは徒歩で行ける。ただしモロッコまでのフライトは長い。1度パリなどヨーロッパ経由で行かなければいけない。

▶危険度 ●●●○○
暴力沙汰はあまり多くはないが、人ごみではスリ&置き引きに注意。また「自分はガイドだ」「ただで案内してあげる」など言葉巧みに誘い、最終的にはぼったくろうとするような、いまいち信用ならない人は多い。

▶自炊度 ●●●○○
巨大野菜は安くて、味もおいしい。肉は鳥、羊、牛の順に値段が高くなる。メディナ（旧市街）内の安宿にはキッチンつきのところもある。モロッコ料理はおいしいが、基本はタジン料理で種類はあまり多くない。飽きたときには自炊もあり。

▶屋台度 ●●●●●
広々としたフナ広場に、屋台が200軒以上並ぶ景色は壮観。世界広しといえども、これだけの規模の屋台街を見たのは初めてだった。

知られざる国、ウズベキスタンへ 知られざる布、スザニを買いに

ウルグットのスザニ・バザール【ウズベキスタン／ウルグット】

初めて本で見た瞬間、「！」と頭の中でビックリマークが飛んだ。ウズベキスタンに伝わる布、「スザニ」（写真はP46参照）のことだ。あでやかな色使いに、太陽や花をモチーフにした刺繍。派手なのに、品がある。どこかにありそうで、どこにも見かけなかった布「スザニ」を目にして、民族系の布に弱い私は、言い放った。「ウズベキスタンに、スザニを見に行きたい！」

調べてみるとウズベキスタンは日本から直行便でたった9時間。しかもかの地はかつてシルクロードの中心地として栄え、ゴージャスな世界遺産が4つもある。「これは行くしかないでしょ！」と私は俄然やる気になった。

けれど出発前、「ウズベキスタンに行く」と友達に告げると、みんな「どこにあるの？」と首をかしげた。悲しいかな「〜スタン」はひとくくりに「よくわからない、あっちのほうの国」という認識しかない。だからこそ私は断言したい。ウズベキスタンは、激しくおもしろかった。実際行ってみて印象が変わった国、ナンバーワンだ。

旅の最初の喜びは、首都タシケントの市場、チョルスー・バザールだった。いかにも旧ソ連領らしい広い道路とスクエアな建物をやりすごし、市場に到着すると、そこはテントと人が渦を巻いていた。巨大な傘を広げたような屋内スペースには生鮮食品が売られ、屋外のテントでは日用雑貨、衣料品などの店が並ぶ。面白いのは、ほとんどの屋台が単一のものを売っていること。つまり「じゃがいも屋さん、種類色々」「ピーマン屋さん、種類色々」「玉ねぎ屋さん、種類色々」という並びなのだ。そのあたりが旧ソ連領、共産主義&計画経済のスクエアさなのかなあ…と思った。

チョルスー・バザールの場外スペースには、いくつもテントが連なっていた

ウズベキスタン名物、ナン。両手で持つサイズで、ずっしりと重い。これが実に美味！

細いの、長いの、丸っこいの……「玉ねぎなら、各種取り揃えてまっせ」

しかもこの市場にいる人は、実にバリエーションに富んでいる。ロシア人風のすらりとした金髪美人がいれば、白いアゴヒゲを生やした中国の仙人のような人も。中にはモンゴルのお相撲さん顔なのに、瞳だけは鮮やかなブルーの少年もいた。人口の80%をウズベク人が占めるというが、実際ここは古くから交易の中心地として様々な民族の血が交わってきたのだろう。そして人は思っていたより陽気だ。カメラを向けると、「えへ」とはにかんだ笑顔を向けてくれる。

そして思っていた以上に、この国は食べ物がおいしい。その筆頭が、ナンと呼ばれる主食のパン。インドのナンとは同じ名前だが、外見からして違う。ウズベキスタンのナンは人間の顔よりも大きな丸い円盤型で、外はテカテカぱりぱり、中はもっちりとして噛み応えがある。そして何より、小麦粉がギュッと詰まったおいしさ！　実際ナンはウズベキスタン以外の国でまったく同じ製法&手順で作っても、同じ味が出ないと言われているらしい。そうして「おいしい国はいい国だ」と信じる私は、初めて市場でナンをかじった瞬間から、この国がお気に入りになっていた。

知られざる布、スザニとは？

「ウズベキスタン、いいかも」と思いながら、世界遺産・古都サマルカンドに行くと、その思いは爆発した。街のど真ん中に巨大なブルーのモスクが3つ、どどどーんと建っていたのだ。それは一瞬、映画のセットか何かのテーマパークに紛れ込んだのかと錯覚するぐらい、現実離れしていた。街にモスクがあるというより、モスクのまわりに街があるといった感じだ。正直、建物だけでここまで心を揺さぶられたのは初めてかもしれない。

モスク周辺はお土産物屋さんだらけだった。売られている民芸品は緻密な唐草模様のアクセサリーボックスや、各民族の刺繍がほどこされた小物など、驚くほどレベルが高い。私はそこで念願のスザニを目にし、テンションは最高潮に。日の光を受けたスザニの上には、花や太陽といったモチーフが刺繍され、人の手のぬくもりが感じられるような温かさがあった。

もともとスザニとは中央アジア、中でもウズベキスタンでさかんに作られていて、ウズベク語で

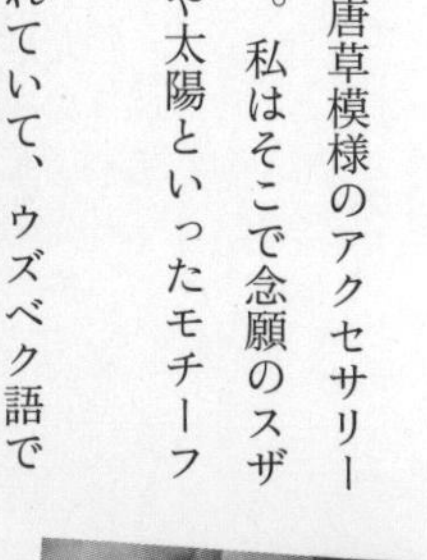

中央アジアの定番フード・シシケバブはここでも健在

そのものずばり、「刺繍」を意味する。嫁入り道具には欠かせないもので、娘が幼少の頃から、母親や村人と力を合わせて縫っていくという。一針一針縫い上げていった布には、そのかわいさもさることながら、幸せな結婚生活を願う周囲の人々の気持ちがギュッと込められている。

ところがこのスザニには、暗黒の時代がある。ウズベキスタンがロシアに併合された際、スザニ製作が規制され、一時は廃れてしまったという。それが日の目を見るようになったのは、1991年の独立後。欧米の愛好家がこのかわいさに目をつけ、「スザニ、かわいくない？」という評判が広がったという。実のところ、私はちょっぴり迷っていた。スザニを買って帰っていいものか。そもそもスザニは、地元の人が作ったもの。なのに昨今は欧米の愛好家が買いあさって、稀少なアンティーク・スザニが、どんどん国外に流出し、高値で売られているという。ちょうど日本の浮世絵が、海外に流出してしまったように。実際、行く前に日本のネットショップをのぞいたところ、安くても数万円、高ければ10万円を超えるスザニばかりだった。

ネグリジェおばちゃんのスザニ大会

そんな私のちょっとした迷いは、ウルグットのバザールに行った瞬間、払拭された。ここはサマルカンドからバスで40分ほどの巨大な市場。入り口にはフルーツやお菓子、ナンといった食料が売られ、屋根がついた巨大な建物スペースには、日用雑貨が山のように積まれている。よく見れば、無理やり造花を押し込んだライターやら、やたら派手なヘアアクセサリーやら、「あ、これ中国で見たことある」と思う商品が少なくない。同じ共産主義同士、中国とウズベキスタンの仲は良好らしい。

そうして市場をそぞろ歩きしていたら、私はいきなりむんずと腕をつかまれた。見れば目がチカチカするぐらい派手なワンピースに身を包んだおばちゃんが、銀歯を出してにっかりと笑っている。「スザニ！　スザニ！」。おばちゃんが言っていることはよくわからなかったが、スザニという言葉はしっかり聞き取れた。「ちょっと、こっちきな！」言われるままについていくと……そこにはスザニ、スザニ、またスザニ。目がハートになってしまうぐらい、スザニにあふれていた。「これはどう？」「これもいいわよ！」。次から次へとおばちゃんにスザニを見せ

ネグリジェおばちゃん4人、お洋服を物色中。市場にいる女性は全員、このネグリジェ・スタイル

られるうちに、私はすっかりその気になっていた。「これは玄関マットとして置いて、こっちはテーブルの上に置いて……」。早くもお買い上げして自宅に持ち帰るイメージトレーニングが始まっている。

よく見ればスザニにも、実に色々な種類がある。地色は赤もしくは生成りっぽい白がほとんどだ。やはり年代が古いものほど高いらしい。「ハンドメイド」とおばちゃんたちはしきりに言うが、よく見れば明らかにミシン縫いのものも入っている。「うーん、縫いが粗いなあ」「これ、キレイなんだけど、この花の色が気に入らない」。目を三角にしながら真剣に選ぶ私に、ならばとおばちゃんたちは次々にスザニを出してくる。

ふと気づくと、私のまわりにはちょっとした人だかりができていた。見れば全員が太ったおばちゃんで、しかも全員膝まであるド派手なネグリジェのようなワンピースを着ている。そのうえ全員が「私のスザニはどうよ！」とご自慢のスザニを広げているのだ。「ネグリジェおばちゃんのスザニ大会 in ウルグット」のような場は、妙に一体感があった。この統一感も、共産主義のたまものなのだろうか。あれこれ悩み、ウンウン考え、結局私は３０００円程度のスザニを2枚購入した。

スザニはいま、私の大切な布コレクションの筆頭を担っている。いまでも見るたびにため息がでるぐらいかわいい、ああ私のスザニ。この布を見るたびに、私は「ウズベキスタン、マイナーだけどいい国だったなあ」としみじみし、そしてかつて誰かの結婚式に使われたのかしらと、やっぱり少し申し訳ない気分になる。

URGUT, UZBEKISTAN

【ウズベキスタン／ウルグット】
人口：約2万人（推定）

スザニ・バザール（Suzani Bazaar）
住：New Bazaar, Urgut, Uzbekistan
営：火・水・土・日6:00〜14:00頃
※土曜日が一番大規模。次いで日曜日、水曜日、火曜日の順に規模が大きい
休：月・木・金
交：拠点となる世界遺産の街サマルカンドから南東に26km。バスは国立文化歴史博物館の東側のマルシュルートカ乗り場から206番のミニバスで所要約40分
広：生鮮食品・日用品も合わせるとかなり広く、店舗数も多い。150m×200m程度

▶お土産度
スザニを買うなら、ここがベスト。サマルカンドのお土産物屋さんより安く買える。

▶ローカル度
スザニ販売コーナーは観光客が多いが、それ以外は食料品や雑貨売り場で現地の人向け。

▶アクセス度
ウズベキスタンは「思っているより近い」ということで星3つ。成田から首都タシケントまでウズベキスタン航空の直行便があり所要9時間程度、ヨーロッパよりも近い。タシケント―サマルカンドは飛行機で所要1時間、車で所要5時間程度。

▶危険度
観光客も多い市場なので、危険な雰囲気はない。スリや置き引きに注意する程度でOK。

▶自炊度
食材は野菜や果物、ナンなど幅広く揃う。遊牧民も多く、チーズなどの乳製品もある。ただしなじみのない食材も多い。

▶屋台度
シシケバブなどの屋台と、簡単なレストランがたまにある程度。

世界最悪の国で出会った
オクラとゾウの物語

ムバレ・ムシカ・マーケット【ジンバブエ／ハラレ】

昨日は１００円だったものが翌日には１１０円になり、そのまた翌日には１２０円になる……そんな社会がこの世に存在すると聞いて、信じられるだろうか？　日本からはるか遠いアフリカの国で、私は実際そんな体験をした。「世界最悪の国」と評される、南東アフリカのジンバブエでのことだ。

ジンバブエ——なんだか虫の名前のような国だが、そもそも地球上に「ジンバブエ」という名前の国があることなんて、それまでの私は知りもしなかったし、興味もなかった。けれど結婚を機に「新婚旅行は世界一周！」と鼻息も荒く日本を飛び出してから1年後、私たちはジンバブエの首都ハラレにいた。東アフリカを長期旅行するには行かざるを得なかったのだ。

ジンバブエは、２０１０年サッカーＷ杯開催地として知られる南アフリカに隣接した国で、昨今なにかと悲劇的なニュースが伝わってくる。いや悲劇的なニュースしか伝わってこない、というのが正解かもしれない。その悲劇の根源は、記録的なハイパーインフレ。２０１０年現在、ジンバブエの失業率は95%近く、経済は完全に破たんしてしまっている。２００８年7月に１０００億ドル札という驚きの単位のお札をも発行した。よく八百屋さんが、１００円のお会計のところを「ハイ、1千万円ね！」なんて冗談で言ったりするが、この国では冗談じゃなく、「ハイ、お会計は１２３０億ドルでございまーす」なんて風景が日常なのだ。

物価の上昇にともない、２０００年初頭よりジンバブエの治安は劇的に悪化、街では日常的に強盗が闊歩するようになった。加えて10人中7人は飢餓に苦しみ、しかも10人に3人がＨＩＶ感染者だと指摘する専門家もいる。まさに悲劇ニュースのオンパレードで、ジンバブエが「世界最悪の国家」という悲しい称号を持つのも無理はない。

ハイパーインフレの国で、札束にまみれる

そもそも入国した直後に見た光景からして、ショッキングだった。無人のガソリンスタンドに、これまた無人の車が列をなしている。「なぜ？」とバスの運転手に聞いてみると、「ガソリンが到着したときのために、順番待ちしてるんだ。でもガソリンなんか来やしない、闇市場で買うしかないよ！」とのこと。とんでもない国だ……それがジンバブエの第一印象だった。

その後も驚きの出来事は続いた。私たちは首都ハラレについてまず両替所に向かった。ジンバブエでは当時１ＵＳドル＝80ジンバブエドルという政府が決めた公定レートが存在したが、ＵＳドルを持っている人は誰もそんなレートでは交換しないのだという。ハラレにはれっきとした（？）闇両替屋さんが存在し、そこでは１ＵＳドル＝１３００ジンバブエドルという10倍以上のレートで両替ができるのだ。

訪れた両替屋は、なんのことないただの時計屋さんだった。「両替したい。２００ドル」と店主に告げると、彼は意味深な顔でちょっと待ってろと私たちをそこに残し、裏に引っ込んでいった。ドキドキして待っていると、店主はスーパーの白いビニール袋をひっさげて裏から出てきた。

「はい、これ２００ドル」

え！……絶句してしまった。スーパーの白いビニール袋はぱんぱんに膨らんでいて、のぞくと中には輪ゴムでとめられた札束が、無造作にいくつも放り込まれている。

「数えたいなら全部数えていいけど、日が暮れるかもよ」

店主はにやりと笑って、その袋を私たちに渡した。その瞬間、どうしようかと焦った。こんな札束になるなんて予想もしていなかったし、この札束を一体どうしたらいいのだろう。インフレまっただなかのジンバブエでは、日々上昇する物価に対して、紙幣が追いついていなかった。当時最高紙幣が１００ジンバブエドルだったから、２００ＵＳドルだと札が２６００枚になり、１００枚ずつ輪ゴムでとめても26個。もしこれが1万円札なら、実に２６００万円もの大金になる。

「強盗に狙われないかな」

ごらんの通りの札束を持ち歩いていた。これで100ドル分、枚数にして計1300枚のお札だ

「このビニール袋、見えないように二重にしてもらう？」

私とダンナは大枚を手にして、完全に舞い上がっていた。そもそも、こんな札束をいっぺんに見るのも初めてだ。再度店主を呼んで袋を二重にしてもらい、口をギュッと締めて小脇に抱え、いそいそと外に出た。誰かが私たちを狙っているかもしれないとまわりの目が急に気になり、スーパーの袋を大切に抱えながら、一目散に宿に戻った。

ドキドキしながら部屋に戻って息をつくと、ふと思った。単に両替しただけだから、持ち金が増えたわけじゃない。札の枚数が増えただけで、この袋の中身の価値は200ドルのままだ。それに気づいて、ダンナとふたりで顔を見合わせて笑ってしまった。綿1トンと鉄1トン、どちらが重い？というなぞなぞと似ている。その答えは、どちらも同じ1トン、なのに。

白い雲、青い空、原色の布をまとったアフリカンママたち

「あそこの道は強盗が出やすい」「夜は絶対に出歩くな」等々。初めての宿の人たちから受けたレクチャーは、なんだか背筋が凍るものだった。ただしその中のひとつに、「ムバレのマーケットはおもしろいよ、野菜も民芸品もあるし。ただかなりローカルエリアだから、荷物には気をつけてね」というものがあった。私たちはおそるおそるムバレのマーケットに足を踏み入れた。

マーケットは街の中心地からバスで30分ほど離れていて、庶民が暮らす下町エリアにある。市場の入り口で出迎えてくれたのは白い雲、青い空、そして原色の布をまとったアフリカンママたち。大きなお尻をプルプルさせながら買い物バッグを提げて歩くおばちゃんたちの姿はどこか牧歌的で、なんでもない風景だからこそ、異邦人の私は心がときめいた。思っていた以上に、人出も多い。

市場は野菜が中心で、木の柱にトタンを被せただけの簡単な小屋が何列も並んでいる。驚いたのは、小屋のベニヤ板の上には、実に様々なものが並んでいること。一番多いのはトマトとじゃがいもで、それぞれキチンと山になって積まれている。奥には穀物コーナーもあり、トウモロコシの粉などが木の箱に入れられて並んでいた。その風景だけ見れば、この国が貧しいという感じはまったくしない。トマトはつやつやと輝き、「どう、買っていかない？」とお店のお姉さんは私たちをはやしたてる。カメラを向ける

アフリカらしい、牧歌的な市場の風景。女性は頭の上にかごを乗せて物を運ぶ

とおどけてポーズをとる売り子たち。「世界最悪の国」の称号もどこふく風、市場には庶民的な空気が漂っていて、なんだか私は底知れぬ彼らのたくましさを感じたのだった。

京野菜、アフリカに現る……!?

「オクラ！」――突然、なんだか聞いたことのあるフレーズが耳に飛んできた。見れば向こうの屋台の列から、おじさんがニッカリ笑っている。そこにあるのは、まぎれもなくあの緑の、ねばねばっとするオクラだった。数本ごとにまとめられ、そばにはご丁寧に「ＯＫＵＲＡ」と書かれたプレートまでつけられている。「オクラ！」と私がビックリしながら言うと、おじさんはどうだまいったかといわんばかりの顔で笑った。

しかしいったいどうしてオクラがここにあるんだろう。オクラといえばネバネバ系野菜の筆頭、私はオクラは京野菜のひとつかもしれないとさえ思っていたのだ。それが遠いアフリカで、しかも「オクラ」と同じ名前で売られているなんて……。私はその場でおじさんと交渉し、すぐさま札束を出してオクラを一山買った。オクラは日本のものよりもはるかにぶっとく、大きく、立派なものばかりだったが、それはやっぱりどこからどう見てもオクラだった。

アフリカの市場で、札束を出して買ったもの

ムバレのマーケットには、野菜売場のほかに、トタンでできた倉庫のような民芸品売場がある。薄暗い店内にはいくつもの民芸品屋台が並び、木のお面やら楽器やらがゴチャゴチャと並んでいた。その多くが木製で、しかも細工も甘いものが多い。いかにも雑なお土産物、という感じだ。

景気&治安の悪化にともない、お土産を買う人も少ないのだろう。民芸品売場を訪れているお客さんは私たちのほかに見当たらなかった。まさにカモがネギをしょってやってきたといわんばかりに、売り子さんの視線を一身に集める私たち。といっても彼らには、アジアの売り子たちのようながめつさはない。「これ、どうだ？」「これもあるぞ？」と屋台の品物を手にとり、私たちが首

を振るとそれであきらめてしまうという、あっさりしたものだった。

そんななか、私の目にとまったものがあった。古ぼけたゾウの置物だ。この民芸品売場のラインナップにしては珍しく、鉄製だというのも目を引いた。やわらかいフォルムといい、素朴な顔といい、まさに私好み。ただし大きさは両手で抱えられるぐらいだが、なにせ鉄でできているから、ずっしりと重い。

「これ、買ったらやりすぎかなあ」

「やりすぎじゃない？ だいたい持って帰れないから送るしかないし……。それも日本に届くかどうかわからないじゃん？」

私たちのそんな会話を耳にしたのか、その売場のおじさんが、にこやかな笑顔で近づいてきた。「これは昨日まで1000円だったんだけど、今日は特別に500円！」

もうとにかく売ってしまいたいのだろう、そのゾウは大きさにしては破格の値段だった。その瞬間、私は「買う！」とおじさんに告げていた。隣ではダンナがちょっぴり困った顔をしている。けれど私はあえてそれを知らん振りして、ゾウを梱包してもらった。もちろん帰り道はしっかりダンナが持って帰っていたけれど……。

宿に戻った私たちはさっそく宿備え付けのキッチンでお湯を沸かし、オクラをゆでた。こっそり持ち歩いていた秘密兵器、しょうゆを取り出し、しっとりとしたオクラにたらっと垂らす。それを食べた瞬間、日本の味が口いっぱいに広がった。ネバっと糸を引く感触に、口の中の皮膚さえも喜んで小躍りしているような気分だった。

思えばアフリカに来てから、食事には恵まれていなかった。中でもジンバブエは外食産業があまり発達していない。外で食べられるものといえば、ファーストフードかスナック系の屋台ぐらい。もしくはキチンとおしゃれしていくレストランぐらいで、バックパッカーとして旅していた私たちには選択肢は少なかった。そんな中で食べたオクラは、ネバネバの中に祖国の香りが漂ってくるかのようで、私たちはご馳走を前にした腹ペコの子どものように、オクラをバクバクと食べた。

その日の午後さっそくインターネットカフェに行き、「オクラ」と調べてみたら、アフリカ原産だった。京野菜だと思っていたものがアフリカ原産だったという事実に、私は少し感動した。遠い遠いアフリカと世界はつながっている……それもあのネバネバ

市場には日本の干物そっくりな魚も売られていた。海から遠いせいか、鮮魚は見かけない

した食感で。なんだかステキなことじゃないだろうか。

そうしてその足で、あの巨大なゾウの置物を抱えて、郵便局にも出向いた。職員は送り先を告げると「日本か……」とちょっぴり困惑していたが、それでも書類を作ってくれ、私たちは無事にゾウの置物を祖国ニッポンに向けて送り出した。送料はたったの700円。荷物は数キロあって、それをアフリカから日本に送ることを考えると、これまた破格の値段だ。インフレが進みすぎて、公共料金の改定が間に合っていないからだろう。といっても内心「届かないだろうなあ……」とあきらめていたけれど。

オクラとゾウが結ぶ、我が家とジンバブエの縁

その後もハラレの情勢は、日に日に変化していった。市場に行くと、昨日まで1000ジンバブエドルだったものが、1200ジンバブエドルになっていることがザラにあった。ガソリンの供給はメドがたたず、次に市場やスーパーから砂糖が消えていった。この国では砂糖は輸入品らしく、外貨が不足しているがゆえに、品薄になってしまっているらしい。

とはいえ、ジンバブエの日常は相変わらず日常で、旅人の私たちには意外にも非常に居心地のいい街だった。経済が混乱しているというのに、人々はどこかのんびりしていて、アジア人の私たちを見ると「ニーハオ!」と、にこやかに間違った挨拶をしてくれる。こっそりと「砂糖を買わないか?」と声をかけられることもあった。

首都ハラレの郵便局。カラフルにカラーリングされていて、おしゃれな雰囲気

1ヶ月後、旅行者としては長期の滞在を終えて、私たちはジンバブエを出た。日本人旅行者が強盗に遭ったという話も伝わってきたし、「そろそろ潮時かもね……」と話し合って、次なる国へ向けて出発したのだ。

そうして半年後、長旅を終えて日本に帰ると、実家に見覚えのあるダンボール箱が置いてあった。「あ!」と私とダンナは顔を見合わせた。すっかり忘れていたが、ジンバブエで送った、あの荷物だ。たった700円の送料で、アフリカからはるばる日本まで無事たどりついたことに、私たちは妙な縁を感じてしまった。そして中を開けてみると、あのゾウがにこやかな笑顔でたたずんでいた。

その後のジンバブエのニュースは、「世界最悪の国」の名にふさわしいものばかりだ。インフ

レは加速を続け、２００９年にはついに国内でＵＳドルの流通が始まった。もはやジンバブエドルの価値はまったくなくなってしまったのだ。国民はいまだ困窮状態にあり、ひょっとしたらジンバブエという国が存在するのもそう長くはないのかもなあと、私は内心そう思っている。

　いまこの瞬間、ムバレのマーケットはどうなっているのだろう。友人知人でもジンバブエに行く人はいないから、現地のリアルな情報は日本には入ってこない。けれど私は心配しつつも、一方で「なんとかなってるかもしれないなあ」と思っていたりする。日々インフレが進んでいたあのときも、市場は当たり前のように開いていて、トマトはうず高く積まれていた。経済の混乱のさなか、あのオクラおじさんも大きなお尻のおばちゃんも、みんななんとか抜け道を見つけて、たくましく生きているような気がしてならない。

　オクラを食べるたびに、そして我が家の特等席に納まっているゾウの置物を見るたびに、私はジンバブエというアフリカのマイナーな国を思い出す。そして遠い遠い国のようでも、我が家とジンバブエはオクラとゾウでつながっている、と不思議な気持ちになる。そして将来、必ずジンバブエのムバレの市場をもう一度訪れよう……と、虎視眈々と狙っているのだ。

ゾウの置物（右下）。なぜか我が家の飼い猫が気に入っていて、いつもそばにいる

HARARE, ZIMBABWE

【ジンバブエ／ムバレ】
人口：約260万人（周辺含む、2006年）

ムバレ・ムシカ・マーケット
（Mbare Musika Market）
住：Ardbennie Rd, Mbare, Harare, Zimbabwe
営：10:00～18:00（店により異なる）
休：日
交：ハラレの中心部各所からムバレ行きのミニバスが出ている。バスターミナルに隣接していて、多くのミニバスの終点になっている。中心部から約5キロ。
広：300m×200mほどのエリア。商品によって場所が分かれている

▶**お土産度** ●●●○○
体育館のような民芸品売り場がある。売られているのは木彫りのお面や小物、布など。イギリスの植民地下にあったので、センスのいい紙類などもあった。

▶**ローカル度** ●●●●●
治安の悪化にともない、観光客は少ない。もともとタウンシップ（黒人居住区）で、周囲の人口密度は高い。

▶**アクセス度** ○○○○○
日本からもっとも行きにくい国のひとつ。南アフリカまでアクセスし、そこで乗り継ぐのが一般的。ハラレ中心部からもミニバスで30分程度かかる。

▶**危険度** ●●●●●
2010年現在、治安は徐々に回復してきているというものの、一般の旅行者にとってハラレでのスリや強盗の危険度はいまだに高いようだ。ただし世界三大瀑布のひとつであるヴィクトリア・フォールズ周辺は、観光地だというのもあり、安全とされている。

▶**自炊度** ●●●●●
外食はファーストフード店もしくは正装していく高級なレストランが多く、選択肢はあまり多くない。私は滞在中ほぼ毎日自炊をしていた。

▶**屋台度** ●○○○○
そもそもジンバブエ自体で、あまり屋台を見なかった。軽食が食べられる食堂街はある。チェーン店のファーストフードは多い。

3 第三章

市場の楽しみ方、歩き方を検証する

旅人 1

鶴田真由さん〈女優〉

▼実は私、以前インドかな？　現地で「鶴田真由さんが来た！」って話を聞いたことがあるんです。

ベナレスじゃないですか？　撮影で行ったときに、ずーっとついてきた物売りの男の子がいたんです。それで、撮影の待ち時間に、その子に街を案内してもらったんですね。まさに市場に行ってお香を買ったりしたんですけど、彼がしっかり値切り交渉までしてくれて（笑）。その後「一緒に撮った写真を送って」と言うので、住所交換をしたんです。そしたら私が日本に帰ったときには、もう熱烈なラブレターが届いていた（笑）。しかも日本語で。

▼へー！　日本語っていうのがすごいですねえ。

とりあえず写真を送ってあげたら、それから彼は「俺は鶴田真由の友達だ」って、日本人相手に声をかけてるみたいなんですよね。おかしいのは、私の弟がベナレスに行ったときに、その男の子に会ったらしいんです。「おねえちゃんの友達っていう子がいたよー」って（笑）。

▼世界は狭いですねえ（笑）。

これには続きがあって、その後お仕事で一緒になった人に、「鶴田さん、インド行ったでしょ？」って聞かれて。「実は友達がインドに行ったときに、現地の男の子に鶴田真由さんへのラブレターの代筆を頼まれたらしいんだよね」って。

▼うわー！　スゴイですねえ。いろんな人がつながっていく！

なんかインドっぽいエピソードですよね。

▼わかります。でも撮影の合間に市場をのぞいたりするあたり、アクティブですよね。

つるた・まゆ●神奈川県出身。女優としてドラマ、映画、CMなど多岐にわたって活躍。2008年にはNHK大河ドラマ『篤姫』にお志賀役として登場する。番組の取材などでアフリカを訪れたことが契機となり、同年2月、第4回アフリカ開発会議（TICAD）の親善大使の委嘱を受ける。同年3月から4月にかけてケニア及びスーダン南部の視察。ほかにもインド、パキスタン、ボリビア、マリ共和国など仕事／プライベートで訪れた国は25ヶ国以上にのぼる。

市場はやっぱり好きですね。その土地のカラーが一番見える場所ですし、パワーを感じられる。アジアやアフリカでは、市場には女の人が多いので、とくに女性のパワーを感じますよね。

▼一方でイスラム圏に行くと、今度は急に男社会になって。

そうなんですよ！　戒律の厳しい国だと、女性の下着まで男の人が買いに行くんですよね？

▼エジプトの市場でそんな光景を見たことがあります。しかもその下着がものすごーく派手だったりする（笑）。

リャマのミイラの隣で売られていたものとは？

▼そういえば、ボリビアの魔女市場って行かれました？

あ、行きました！（※P62参照）リャマの子どものミイラを売ってたりするんですよね。それ自体も面白かったんですけど、そういう占いグッズの隣に、明らかにエッチな感じの箱がおいてあったんです。呪術とエロスは同じジャンルなんだなって（笑）。

▼（笑）。ラパスって街中が市場って感じだし、不思議な街ですよね。

じゃがいもをいっぱい売っていませんでした？　それも何十種類もあったりして。その種類の多さにはスゴイと思う反面、痩せた土地なんだなあって思いました。市場をのぞくと、わかることが多いですよね。

▼食べ物とか特にそうですよね。鶴田さんは屋台も平気ですか？

私は抵抗ないほうですね。ただ第六感というか、「これなら大丈夫そうだ」っていう勘みたいなものはありますけど。

▼ああ、大事ですよねえ。あとは市場でお買い物もけっこうするんですか？　それこそ民芸品とか。

ちょこちょこ買いますね。モロッコでもけっこう大きなランプを買いました。

▼モロッコ、かわいいものが多いですよね。そのランプ、現地から日本に送ったんですか？

送ったんですが、結局商品よりも送料のほうが高くつきました（笑）。でも私は「迷ったら買う」ということが多いですね。やっぱりなかなか行けない場所だったり、なかなか出会わないものだろうなあと思うので。アンティークのものは、特にそうですよね。だから、アンティーク・マーケットには、よく寄りますね。

▼でもアンティークって、値段交渉が難しくないですか？

私は「このぐらいなら買ってもいいかな」と思う金額であればよしとする、って思ってます。

▼なるほど。でもそこにいたるまではけっこう値切りますか？

そうですね、インドとかではやっぱりきっちり値切ってました。昔は「学生だからお金がないの」とか言ってみたりして（笑）。あとは帰るふりもしたりしますね。

▼あ、私もそれよくやります（笑）。（※P153参照）

旅が与えてくれる、何かを越えた時間

▼難しい質問ですけど、今まで行ったなかで好きな国を挙げるとすれば？

色々ありますけど、インド、モロッコ、トルコはやっぱり好きですね。あとはカシュガル！ なんとも言えず雰囲気がよくて、目につくものもかわいかった。家のカーテンとか、リビングのクッションとか。女の人は花柄を重ね着したりして、ドリス・ヴァンノッテン？ みたいな（笑）。

▼ああわかります。ステキな民族衣装って、ある意味かなりモードですよね。

しかも「いつの時代だろう？」ってちょっと不思議な感じもして。トゥアレグ族の暮らすサハラ砂漠に行ったときは、まさにそんな感じでした。砂漠の中をらくだを率いたトゥアレグ族が、一列になって井戸に水を汲みにいく。ちょうど砂嵐が起きているときで、それが霞んで見えたんです。その光景がなんとも言えず幻想的で……。

▼うわあ、キレイそう。やっぱりそういう瞬間、旅してよかった！ って思いますよね。

感覚を越えた瞬間っていうんでしょうか。そういう「何か越えたもの」「何か越えた瞬間」を求めて、あちこちさまよっているのかもしれないって思ったりします。

インタビューの後に…

ものすごくキレイで、女優さんだ！ と最初は目キラキラ。でも話すうちに笑える市場話がたくさん出てきて、偶然出会った旅人同士で話しているような、不思議な親近感を覚えてしまいました。好奇心たっぷりで、いろんなものをしっかり見ている方。これまで数々の方にインタビューした中で、本当にステキだと思った、数少ない女優さんです。ちなみにブログもおもしろく、HPに掲載されている写真もステキ。一人旅に出ることもあるそうで、次は旅先でばったり！ に期待。

旅人 2

妹尾《せのお》河童《かっぱ》さん〈舞台美術家・エッセイスト〉

▼河童さんの「河童が覗いた〜」シリーズなど、著書には市場のシーンがよく出てきますよね。

市場は好きだね。そこに住んでる人が一番ハッキリ見えるところだから。インドの国立博物館に行ったときに、驚いたんだよね。いろんな遺跡からの発掘品や古代美術品もいっぱいあったんだけど、そこはガランとしてて。一方で昔の食料とか、人々の暮らしがミニチュアで展示してあるところは、人がいっぱい。みんなやっぱり「何を食べていたんだろう」っていうのが一番気になるんだって思いました。

▼しかも河童さんは好奇心いっぱいだから、どんどん市場の奥に入っていきそう。

市場で珍しいものがあったら、それがどうやって食べられているのかって知りたくなるんだよ。やっぱり市場ってその土地土地のありようが浮き彫りになっているから、おもしろい。たとえばウィーンのシュテファンドーム聖堂っていう大聖堂があるんだけど、その前の広場には市が立つ。ほかにもヨーロッパでは教会の前に市が立つっていうことが多くて、やっぱり教会と市場は町の中心地なんだってわかる。

▼なるほど。旅の失敗談とか、あったりするんですか?

インドのコチンで魚を獲っているところを見学しているときに、「魚、安くするから買ってくれ」と言われたの。「いま観光旅行しているのに、生の魚を持って歩けない」と断ると、「近くで料理してもらえればいいんだから」って。インドってだいたい魚はフライにするんだよね。でも塩焼きで食べたい!と思って、塩をふって焼いてもらってたんですよ。それはおいしかったんですけど、気づいたら参加していたツアーの一行がいなかった(笑)。次

せのお・かっぱ●1930年、神戸生まれ。グラフィックデザイナーを経て、1954年独学で舞台美術家としてデビュー。演劇、オペラ、ミュージカル、歌舞伎など、ジャンルを超えて幅広く活躍中の、現代日本を代表する舞台美術家。「紀伊国屋演劇賞」「サントリー音楽賞」「芸術祭優秀賞」「読売演劇大賞」ほか多数の賞を受賞。またエッセイストとしても知られ、ユニークな緻密イラスト入りの著書“河童が覗いたシリーズ”などおなじみの著書が多い。戦前・戦後の神戸を舞台にした小説『少年H』は300万部を突破する驚異的なベストセラーとして全国で話題を集め、『毎日出版文化賞・特別賞』などを受賞している。

の場所まで大急ぎで追いかけたんですけどね。

▼河童さんらしいエピソードですねえ。それ、屋台とかで焼いてもらったんですか？

いや、隣の喫茶店で無理やり焼いてもらった（笑）。「こうやって焼いて！」ってお願いして。

現地の人の暮らしを覗き、〝未知との遭遇〟を楽しむ

たとえばツアーとかで行ったりすると、市場で実際に食べられないこともあるじゃない。そういうときは、「眼食」。言ってみれば目で食べる。実際に味わうだけじゃなくて、目で見て楽しむ。

▼旅行中に食べた料理で口に合わないものもあったでしょう？

もちろん、中には一口食べて「うわっ」って思う食べ物もありましたよ。でもそんなときは「これがこの土地の食べ物だ」と思って飲み込みます。通りすがりの旅人の僕がその土地の食べ物をウマイとかマズイとか言うのは、おこがましいと思うからです。食べ物だってその土地ごとのありようがありますからね。10年かそこら住んだら、僕もこれをオイシイと感じるようになるんだろうなと思う。そんな「文化の違い」を面白がっています。

▼それ、すごくわかります。日本って変わった食べ物多いですし。

旅の醍醐味は〝未知との遭遇〟にあると思うんだよ。知らないものと出会う楽しみ、それが市場にはたくさんあるね。

▼変わった市場もありますしね。

「市場に行きたい」ってタクシーで連れていってもらったら、港だったっていうことがあったなあ。北欧なんかだと、港がそのまま市場になってるところも多い。漁を終えた船が帰ってて、そのまま船から直接カニやエビを売っていたりする。頼むとその場で茹でてくれるんだよ。あとはローマの泥棒市なんだけど、市の中心から離れた場所で、雪の上に商品を並べて

ノルウェー、ベルゲンの港兼魚市場

いたりした。そこだと場所代がかからないからなんだと思うんだけど……。

▼河童さんは骨董もお好きですよね？　お宅のコレクションを見ても、それがわかります。（※河童さんのお仕事場には、世界各国で買った鍵と錠やお弁当箱のコレクションがズラリと並んでいた）

骨董市はよく行きます。ただね、僕はコレクターじゃないんですよ。興味があるものを買って、また同じ種類でも違っている部分があると、見比べてみたいって思って買う。それで増えちゃった。うちのカミサンは全部ガラクタだと思ってるけど（笑）。

▼ものすごい量ですね（笑）。普通のコレクターと違う。同じような物の中に、それぞれの違いを面白がっていらっしゃるからですね。

僕が旅に出るといつもくんくん匂いをかいでるのは、骨董品を買うときの、値段の交渉もおもしろいからなんだ。言葉がわからない国では、紙に値段を書いて、相手に見せる。あわてたオヤジはうんと高い値を書き直す。僕はすぐその数字を消して、少し値を上げる。またオヤジがその数字に×印を入れる。そんなやりとりをしているうちに、半値近い値段になるの。オヤジは大げさに両手を広げて「オッケー」って笑ったりね。それをストレスだって思う人もいるかもしれないけど、そんなやりとりも露天市の楽しみだと思う。それをお互い楽しむのが、市のルールというか、お店の人への敬意の払い方というか……（笑）。

市場はその国の文化を知る宝庫

▼交渉になるとお茶が出てくる国もありますもんね。

エジプトでも、そうだったなあ。チャイを飲んで何も買わなくても、失礼ではないの。長い時間かけて話しているうちに商談がまとまって、うんと安く売ってくれたりする。翌日同じ店に行って、同じものを友人への土産に買おうと思ったら、昨日と

雪上で開かれていたローマの泥棒市

同じ高い値段を言われた。「昨日は……」というと、そんなことはなかったかのように、また最初から長い長い時間がかかるカケヒキが始まる。相手はそれが楽しいらしいから、付き合わざるをえない（笑）。

▼この鍵と錠のコレクションもそうやって買われたんですか？

そう。いろんな国の骨董市で手に入れたものです。骨董といってもガラクタみたいなもんで、なんの役にも立たないけどね（笑）。何が面白いかと言うと、お金持ちが大事なものを盗まれないように鍵をかけて、それを守ろうとする。それをなんとかして錠を開けて盗もうとする奴がいる。鍵錠を色々集めると、その攻防が錠を発展させていった経過が見えてくる。この魚の形をしている錠は、韓国の李朝のもの。こっちは古い中国の錠。ところが鍵穴の大きさが同じものだったから、どっちの鍵を突っ込んでも簡単に開いてしまう。そうはさせじと鍵穴を複雑にして、合鍵を作るのを難しくした錠を作った。するとその難関をクリアして、また合い鍵がまた作られてしまっている。鍵と錠の発展は、人間の知恵の進化を物語っているようです。カミサンが理解してくれないのが悔しいけど……（笑）。とにかく市場で出会うものは、食べ物にしろ食器にしろ、家具や道具も、すべてそれぞれの文化を知る上で、博物館、美術館や図書館に匹敵する宝庫ですよ。

河童さんの鍵コレクション

インタビューの後に…

市場の話を聞きにいったのに、話は脱線に次ぐ脱線。ここには書ききれなかったけど、サハラ砂漠の砂の話から、アジアのお弁当箱の話まで、本当に興味深い話がたくさんありました。その目のつけどころ、そして好奇心いっぱいの瞳は、まさに少年がそのまま大人になったよう。しかもその原動力はきっと「自分がおもしろいと思うことを追求する」にあるんだろうなあと感じました。「河童が覗いた」シリーズは、今後も私のバイブル。まだ読んでいない人、読まずに人生を終わるのはもったいないですよ！

旅人 3

高野秀行さん 〈辺境冒険作家〉

▼高野さんは各地に行かれてますが、まず市場を覗くって感じですか？

そうですね。市場ってやっぱり一番現地のことがわかる場所だと思うんです。どんなものを食べてるのかとか、どのぐらいの文明度なのか、とか。

▼文明度（笑）。やっぱり辺境の市場とかで変なものとかも売っていたり？

コンゴ（※アフリカの中央部の国。高野氏のデビュー作『幻獣ムベンベを追え』（集英社文庫）に詳しい）の市場で隅っこに人間そっくりの頭蓋骨がゴロゴロ転がってたんですよ。しかもそれ、ちょうどいいサイズの竹のかごみたいなのを被っていて、カゴと頭蓋骨の間は泥で埋めてある。なんだこれ？って思ったら、実はそれはゴリラの頭蓋骨で、呪《まじな》いグッズなんです。向こうってやっぱり呪術が盛んなんですよね。

▼ああ、南米の市場でも呪術グッズを見たことがあります。それ、売れてました？

いや、売れてなさそうでした（笑）。僕は買いましたけど。

▼ここに買った人がいた（笑）。

いまでも早稲田の探検部の部室に、「守り神」として置いてあります。コンゴには肉市場っていうのもあって、そこにはホントいろんな肉がありましたね。それこそゾウとか、ワニとか、猿の燻製とか。ワニはけっこうコンゴのいろんなところで売られてました。船で旅をしていると、たとえば川の分岐とかで船を乗り換えるために降りるんです。そうするとそこが即席の小さなワニ市場になる。船にワニ売りも乗っていたりして、そこで持ってきたワニが売れたら、また別のものを買うって感じで。

▼ワニはおいしいって聞きますよね。

たかの・ひでゆき●「誰も行かないところへ行き、誰もやらないことをやり、誰も知らないものを探す。そして、それをおもしろおかしく書く」をモットーとする。1966年東京八王子生まれ。早稲田大学探検部に在籍中に書いた『幻獣ムベンベを追え』で結果的にデビュー。コンゴ、ミャンマー、アフガニスタンなど数々の辺境の地に出かけ、時にディープな、時にお腹を抱えて笑えるノンフィクション作品を生み出している注目の作家。著作の中には市場でのエピソードも数多い。

ワニは素晴らしいんですよ！　生きたまま縛っておけば、かなり長く生きてるんです。だから冷蔵庫のないところでも、いつもフレッシュな肉が食べられる。味も鳥のささみに似て淡白でおいしいし。蛇とか亀とか、爬虫類系は基本おいしいですよ。

新聞紙を買いに来る、山奥の知的？ゲリラ

▼印象に残っている市場ってほかにありますか？

タイの国境から車で1時間ぐらいのところ、ミャンマーの東北部にチェントゥンという町の市場は素晴らしかったですね。まわり全部を山に囲まれた広い盆地で、木造の平屋に屋根がついた屋根がついた市場は、古いんだけどすごく雰囲気があって。で、市場に行くために、山から少数民族がカゴをしょって裸足でおりてくる。国際社会とかグローバリズムとはまったく関係ないのに、なんていうか……世界の中心がここにあるというか。

▼ああ、なんとなくわかります。しかも市場に行く日は「ハレの日」っていう感じがないですか？

ミャンマーの少数民族村に住んでたときとか、ホントそうでしたね。普段は閉鎖的な村で外部との交流がないから、市場が一番の楽しみなんです。

▼そういうところで高野さんは何を買ってたんですか？

肉、ですね。村にいると肉なんてめったに食べられない。冷蔵庫はないし、家畜は貴重なものだから、お祭とかお祝いがないと潰すこともないわけです。それが市場では肉が切り売りされている。お金で肉が買える！って感動しました（笑）。

▼なるほどー。地元の人は何を買ってるんですか？

日用品ですよね。塩とか、酒、タバコとか。タバコっておもしろくて、町ではいわゆるシガレット、普通の白い紙巻のタバコが一般的だけど、それが奥地に行くほど葉巻が多くなっていって、最後は葉だけを新聞紙で吸う、ってなる。

▼高野さんの著書にもそんなシーンがありましたね。

『西南シルクロードは密林に消える』（講談社）に書きましたけど、ミャンマーのカチン族っていう少数民族に、笑い話があるんですよ。彼らは実はみんなすごい文化人、知識人なんじゃないかっていう噂があって。なんでかっていうと、山奥に住

んでるのにはるばる市場まで新聞だけを買いに来るから。だけどそれは単に彼らはお金がなくて、タバコを巻く新聞紙ぐらいしか買えない…ってことなんですけど（笑）。

世界一のぼったくり大国は？

▼ところで高野さんって海外でも料理してますよね。

中国の大理に住んでたときは、毎日市場に買い出しに行ってましたね。１９９３年から１９９４年頃、ちょうど自由経済への端境期だったんですが、近所に国営市場と自由市場がふたつあって。国営市場のほうが安いんだけど、そこは物が選べないんですよ。ミカンでも桃でも、選んでいると「なにやってんだ！　選ぶな！」って怒られる（笑）。札見ると「選ぶな」って注意書きがある。しかもそのうち半分ぐらい傷んでたりするんですよ！　でも「これ傷んでる！」って店の人に言っても、「だから？」と言われる（笑）。社会主義ってすごいなって思いましたね。

▼計画経済がそうさせてたんでしょうね。高野さんって、市場でけっこう値切るほうですか？　ぼったくられたことは？

生鮮食料品はあんまり値切れないし、ボラれることも少ないですよね。お土産物はあんまり買わないし……あ、南米のボリビアだったんだけど、ボリビアって雑貨がすごく安くて、お土産物屋さんでケーナ（※南米の音楽によく使われる縦笛）が日本円でたったの1円だったんですよ。それで買って帰ってきて都内にある有名なエスニック雑貨屋にふらりと行ったら、まったく同じものが７０００円で売ってた。７０００倍ですよ！　いままで世界各地でぼったくられたけど、最大のぼったくり国は日本だったんですよ（笑）。

▼ははは。これから毎日気をつけましょう！

インタビューの後に…

もともと私たち夫婦は高野さんの大ファン。新作が出ると奪い合って読んでいます。実際の高野さんは本の面白さどおり、市場を含め、面白い旅のエピソードのオンパレード。それを案外冷静に語るものだから、逆におもしろい。同じ早稲田大学の後輩として、探検部の先輩に話を聞いているような気分になりました。ちなみにインタビューにはちゃっかりダンナもついてきたのですが、その様子をブログで「公私混同万歳」とお褒めいただき、うれしかったです。（詳細は高野さんのHPへ。http://aisa.ne.jp/takano/）

市場歩きのコツ9ヶ条

ではいよいよ市場へ！の前に、ちょっと心に留めておけば市場歩きがスムーズになる、私なりの市場散策のコツをご紹介。市場は生モノ、好奇心を持って臨機応変に楽しんで！

1

荷物は軽快に、用心には用心を重ねて！

市場は人が集まる場所。というわけで残念ながらスリや置き引きの被害は、ほかの場所に比べて高くなる。ただしあんまりビクビクしてると、市場歩きが楽しめない。いっそ荷物は軽快にまとめ、たとえばカメラなどもサクッと出し入れできるようにするなど、持ち方にも工夫を。

以下が私が市場に行くときの持ち物。ただし治安が悪いといわれる市場などに行く場合で、例えばヨーロッパやアメリカの市場であれば、普段の旅行と変わらない街歩きの持ち物で行くことが多い。

大公開！市場歩きのおすすめスタイル

【カバン】やむを得ずカバンを持つときは、必ずチャックが閉まるものにすること。小脇に抱えられるタイプのショルダーバッグがベター。またチャック部分に金属リングなどがあり、お財布、デジカメなどをチェーンで引っ掛けられるものだとなお便利。

【小銭入れ】さっと出し入れできるように、「市場用財布」をあらかじめ用意しておいて、その中に小額を入れるようにする。大金はまた別の場所にしまっておく。

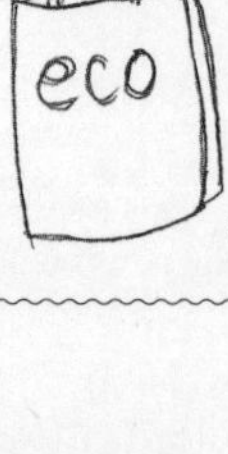

【エコバッグ】例えば民芸市などで、「よし、ここでお土産買っちゃうぞ！」というときは、買い物用のエコバッグがあるといい。第三国のビニールバッグはたいてい小さく薄く、頼りない。

【カメラ】小型のデジカメを使用。機動性が高いものが便利。撮るときはヒモは必ず手首に巻きつけて。カメラとカバンなどをチェーンでつなげておけばなお安心。

【大金、パスポート等の貴重品】治安が悪い場所では、信頼できるホテルのセーフティボックスなどに置いておくのがベター。ただし第三国で宿自体が信用できないなどの事情があって携帯する場合は、マネーベルトなどを利用して、体のどこかに隠し持っておこう。腹巻タイプのマネーベルトが一般的だが、足のスネにつけるマネーベルトなどもある。

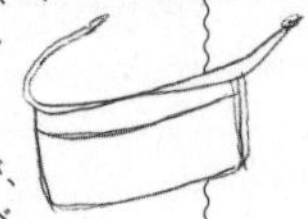

【ガイドブックのコピー】ローカルな市場だと、ガイドブックを眺めながらウロウロしているといかにもマヌケな感じがすることも。あらかじめコピーをしておけば、荷物も減るし、マヌケ度も減る。

2 開店状況を確認。一般的な市場なら、朝がオススメ

毎日決まった時間にオープンする定期市では問題ないが、いわゆる「市が立つ」というスタイルの市場は要注意だ。その場に足を運んでみたものの、「今日は祭りで市は立たないよ」なんて言われ、ガッカリ……なんて事態は避けたい。特に辺境の市場はガイドブックの情報も古く、心もとなかったりする。頼りになるものは、自分の情報収集能力だ。町中にツーリストインフォメーションがあれば、まずはそこに行って尋ねてみよう。ただし少数民族の市場などは、ツーリストインフォメーションの人でさえ、正確な情報を持っていなかったりする。そんなときは地元の人に聞き込みだ。多少英語が通じる国であれば、「マーケット、トゥデイ、オープン?」ぐらいで案外通じてしまうもの。

毎日定期的に開く市場の場合、できれば午前中に訪れるのがいい。古今東西、市場にフレッシュなものが並び活気にあふれるのは午前中のことが多いから。ただし買い物メインの場合は、クローズ直前を狙うのもありだろう。「もうコレ売っちまいたいなあ」と思う売り子さんがいて、破格の値段でお買い物ができたりする。

3 アクセス／治安の確認を。帰り道のことも考えて！

市場は一般的に庶民が多く暮らすエリア、いわゆる「下町」と言われる地にあることが多い。そしてそういったエリアは得てして、旅人が我がもの顔で歩ける観光スポットに比べて治安が悪かったりする。

だから市場へのアクセスを考えるときは、周囲の治安や交通事情も考慮に入れたい。たとえばメキシコのテピート（P120参照）は地下鉄でのアクセスも可能だが、そのエリアにはニセ警官が多数出没するなど不安要素も多いので、私はタクシーを使った。かと思えばタイのチャトゥチャック・ウィークエンド・マーケット（P76参照）などは、バンコクの中心地からタクシーで20〜30分の距離だが、朝夕の悪名高き渋滞にはまってしまうと、1時間以上かかってしまう。こちらはむしろ駅からのアクセスもいいので、電車のほうが無難だ。

行き道のアクセスを考えるのはもちろんだが、盲点は帰り道。帰りは荷物がいっぱいでとても持って帰れない、なんて事態になりかねない。がっつり買う気があるときは、タクシーが拾いやすい場所かどうかも確認しておこう。また辺境の市場などは帰りのバス／電車が何時まであるかも併せて確認を。

4
いざ市場に着いたら、堂々と！

市場慣れ（？）していない人にとって、時に市場はショッキングな場所かもしれない。人々がせわしなく行きかい、見たこともないような食材が並ぶ場所はエネルギーに満ちていて、圧倒されることも多い。そんなときは「あくまでも市場は日常の場所」と自分に言い聞かせよう。たいてい市場にいるのは地元の人で、市場はごくごくありふれた日常の風景だったりもする。おっかなびっくりオドオド歩いて商魂たくましい売り子のカモになるよりも、堂々と歩いて市場を満喫しよう。

5
お買い物は交渉のうえで。値切りのコツとは？

ヨーロッパやアメリカなど、いわゆる先進国の市場以外は、市場でのお買い物は交渉制のことが多い。先進国でさえ、いわゆる蚤の市やフリーマーケットでは定価がつけられていないことがほとんど。

交渉のコツの第一歩は、相場を知ること。市場に行く前に、事前にその国の物価をある程度把握しておけば、売り子さんが提示した額が高いか安いかおおよその見当はつくだろう。

交渉のコツの第2ステップは、交渉の前に本当に自分がそれをほしいかどうかを自問すること。市場で売り子さんに「これいくら？」と尋ねることは、すなわち「私は買う気があります」という意思表示だ。相手がやり手商人だったら、「お前だったらいくらで買う？」と鋭い質問を返してくるだろう。そこでうっかり「じゃあ○○で」と値段を答えてしまうと、「それは無理、○○でどうだ」と交渉が始まってしまい、最後には買わざるを得なくなる。

交渉のコツの第3ステップは、自分がいくらまでなら出していいか、基準をハッキリ持つこと。そのうえで、それより低い額を売り手に提示すること。交渉のスタート地点は、まず売り手と買い手、お互い希望の値段を出すことから始まる。たとえば相手が「100円」と言い、こちらが「50円」と言った場合、たいていはその間、70円～80円ぐらいのところで手を打つことになる場合が多い。もし自分が70円で買ってもいいなと思えるのなら、まずは50円から交渉を始めよう。もし最初から70円を提示してしまったら、70円以下で買うのは難しくなる。

交渉のコツの第4ステップは、買うのを諦めてその場を立ち去るフリ。じりじりと交渉が進み、それでも相手が折れない場合、いったん諦めるフリをすると相手の本音が見えてくる。「ちょっと待って！　アンタの言い値でいいよ」と追いかけてくれれば、もうけもの。逆に売り子が追いかけてこない場合は、もうそれより下がらないものだと堪忍しよう。ただしこの手は、交渉が決裂したときの最後に使う、いわば「切り札」だ。諦めるフリをして追いかけてこなかった場合、どうしてもほしければこちらもバツが悪い顔をひっさげて、またその店に再び戻るしかない。ちょうど夫婦喧嘩で、「もう別れる！」と家を飛び出すような状態に似ている。一度出てまた戻ってくると、「こいつはどうしてもコレが欲しいのだ」と相手に見透かされるから、相手の言い値が下がることはあまり多くない。

実は私自身は最近はあまり極端に粘って交渉することは少なくなった。せっかく旅に出てるのに、交渉に時間をかけるのはもったいないと思うようになったからだ。多少ボラれているなと思いつつ、「ま、いっか」で済ませてしまう。そのほうがイージーだし、旅でのストレスも少なくなるからだ。「そんなことを言うから、現地の人が『日本人はお金持ちでカモれる』と思うんじゃないか」という意見もあるだろうが、そのへんは個人個人の考え方、なのかもしれない。

また加えて注意したいのは、屋台の食べ物や飲み物、生鮮食品や穀物、調味料など「お土産物」ではないモノの場合だ。地元の人しか買わないようなものになると、値段をつけていないだけで、売り手の中ではしっかり「定価」が決まっていたりすることがある。私自身、「ちょっと安くならない？」と聞いて「めんどくさいなあ」とプイッとそっぽ向かれた経験も少なくない。日用品全般、またいかにも地元向けの店に関しては、交渉の余地がないこともある、ということを心に留めておこう。

6 おなかが減った、のどが渇いた、でもちょっと怖い……

「市場の食べ物って衛生状態が不安」と思う人は少なくないだろう。結論から言うと、市場で現地のものを飲み食いして、お腹を壊したり、病気になったりする可能性はある。ただしその可能性は、国ごとの衛生状態によってかなり違う。極端に言えば、日本の市場で買い食いしたって起こりうる。警戒心を強めすぎると、市場散策が、旅自体が楽しめなくなる。大切なのは審美眼、「この食べ物は大丈夫？」を見極める力だ。

そのポイントのひとつは、地元の人で繁盛している店を選ぶこと。繁盛しているお店は回転が良く、食べ物も新鮮なことが多い。逆にいかにも観光客向けで、観光客が来たから久々にがんばっちゃおうかな、という雰囲気のあるお店はパスしたい。ツーリスト用のメニューを用意しておきながら、「これはない」「あれもない」みたいなお店のほうが、食あたりの確率は高い気がする。

ポイントの第2は、メニュー選び。食材が新鮮そうに見え、しかもよく火の通ったものをチョイスすること。よくあるのが、炭火焼きチキンの中が生焼け、というパターン。そういうときはお店の人に頼んで再度焼きなおしてもらおう。また、調理法も要チェック。海外に出ると和食よりも圧倒的に油っこい料理が多く、「油で当たる」という声もよく聞く。そういう意味では、揚げ物よりも、ラーメンやシチューなど汁もののほうが食当たりの確率は減る。揚げ物をチョイスしたいときは、お店を覗き込んで、極力揚げている油が透き通っているお店を選ぼう。第三国などでは時々真っ黒な油で揚げていたりするが、味も落ちるし、なんだかその風景を見るとゲンナリするので、潔くパスしよう。それから案外食当たりしやすいのが、飲み物。熱帯気候の国では、市場でフレッシュジュースを売っている屋台も少なくない。暑い国では水や氷がたっぷり入った飲み物は格別においしいが、その一方でお腹はびっくりしやすい。お腹を壊しやすい人は要注意だ。

ちなみに「お腹を壊した」と聞くのは断トツにインドが多い。ダンナもかつて、インドで急性胃腸炎にかかり、1週間ほど入院した。あとは意外に多いのがベトナム。ベトナムではジュースはもちろん、ビールにまで氷を入れる習慣があり、その氷でやられてしまう人が少なくないようだ。

とここまで書いてみたが、私自身はここ最近、市場の屋台でご飯を食べてお腹を壊したという記憶がほとんどない。運が良かったから、お腹が強いから、などなど色々な理由があると思うが、そのひとつに「私は食当たりしない」という妙な確信を持っているから、というのもある気がする。病は気からというけれど、確かに旅先での体はストレスに敏感になっている。「これ食べたら食当たりするかも……」と思いながら食べているだけで、お腹が下ってしまうというような現象が起こることだって、きっとあるだろう。だったら最初から「大丈夫、大丈夫」と自分に言い聞かせて、市場でおいしそうなものを見かけたら、パクッと食べてしまおう。そうこうしているうちに、きっとお腹もタフになるはず。

7 ゲテモノを笑うべからず、文化は尊重すべし

個人的に避けたほうがいいと思うのは、市場でこれまで見たこともないゲテモノ系食べ物を指して笑ったり、顔をしかめたりすること。よくテレビの旅番組で「うげー！」と言いながらゲテモノを食べるシーンがあるが、私は大嫌いだ。考えてみれば食べ物はその国、その地域の人たちのアイデンティティのひとつだったりする。インドネシアのバリ島では結婚式の特別な御馳走としてウミガメを食べる習慣があるし、痩せた土地では昆虫が大切なタンパク源であることも少なくない。そういった背景を理解せずに、自分の価値観だけで「気持ち悪い」と笑ったり顔をしかめたりするのは、相手の国の人たちに対して多大なる失礼だ。加えて、自分の無知さを露呈することでもある。

これまで世界各地を旅して思ったのは、日本人は世界的に見てもかなり雑食だということ。肉はもちろん魚もかなりの種類を食べるし、発酵させて強烈な匂いを放つものも少なくない。他の国の人から見れば、「日本人はなんてゲテモノ好きなんだろう」と思われる要素は多分にある。考えてもみよう。外国人観光客が日本の市場を訪れて、ネバネバと糸を引く納豆を見て「これ、ホントに食べるの？　うげー」とあざ笑ったり、顔をしかめたりする風景を。納豆大好きの純日本人の私としては、やっぱりそんな風景に出会ったら、「こいつは失礼な外国人だなあ」とちょっとムッとする。くれぐれも訪問国の文化には敬意を払いたいものだ。

8 写真撮影は周囲の空気を読んでから

旅人として市場を訪れる場合、「ぜひこの風景を写真に収めたい」と思う人も少なくないはず。ただし市場での写真撮影は案外気を遣う。その理由のひとつが、カメラの取り扱いだ。国によってはカメラを持っている人＝お金持ち、という図式ができあがっている。スリ、ひったくりの中にはあらかじめカメラ持ちの旅人をマークしていて、隙あらば、と狙っている輩もいる。対策としてはＰ１５２のコラムでも記したが、とにかく体とカメラを離さないように気をつけることが大切だ。

そしてもうひとつ、被写体について。市場にいる人たちというのは、基本地元の人なので、カメラ慣れしていないことも多い。写真を撮る際はひと声かけて、が無難だ。カメラを見せてにこっと「ＯＫ？」と聞けば、気さくな国であれば簡単に撮らせてくれるだろう。

市場写真が撮りやすいのはやっぱりアジアで、中でもインドはカメラ大好き！の人が多く、黙ってカメラを構えているだけで「俺を撮れ」とポーズを決めてくる。逆に写真が撮りにくいのは、アラブの女性、アフリカのマサイ族、南米のインディヘナなど、伝統的な生活スタイルを守っている人たち。彼らの中には宗教的な理由で、また「写真を撮られると魂が抜かれる」という理由で、写真撮影自体が嫌いだという人が少なくない。中にはゴージャスな民族衣装に身を包んで、観光客に写真を撮らせて商売している人も。勝手に撮って「チップくれ！」と言われ、後でモメる……なんてことがないように気をつけよう。私が写真嫌いの民族を撮りたいときには、お買い物のついでに、という作戦をとることもある。値段交渉の際に「コレ買うから、写真撮ってもいい？」と交渉すれば、「ま、いっか」と納得してくれる売り手も多い。

9 お持ち帰りのブツにも注意しよう。

さて市場を満喫して、家路に着くまでに気をつけたいことがある。それは「買ったものが日本に持ち込みできるかどうか」を確認すること。特に食べ物はほとんどNGなので、注意したい。

例えば肉、果物、植物のたぐいはヨーロッパ、アメリカなどで買っても、特定の検査証明書がない限り、持ち込みはNGだ。市場でおいしそうなソーセージ、生ハム、ビーフジャーキーなどを見かけても、ぐっと我慢。それから気をつけたいのが、クッションやマットなど。中にワラなどの植物が入っていたりして、それが持ち込み禁止品であることがある。

逆に検疫の対象でないものは、チーズ。果物ではドリアン、ココナツ、パイナップルなど。チーズ、ドリアンなど「臭い」系の食べ物がOKなのはなんだか意外だ。それから意外にもOKなのが、切り花。アジアの空港などでは蘭の切り花を売っていることがあるが、市場で買ったものでも持ち込み可能だ。ただし植物検疫を通す必要があるので、日本の空港に着いたらすぐ検疫カウンターに向かおう。混んでなければ検査は5分ぐらいで終わるから、思ったよりもずっと簡単。花好きの私はよく東南アジアを旅行するときに、出発の前日や直前に花市場に行って、「花束を抱えて帰国」というゴージャスな図にひとり酔いしれていたりする。

これらのものは国ごと、品目ごとに規定があるようなので、心配なら事前に調べておこう。私自身、よくわからないときは思い切って持ち帰ることが多い。調味料などはスーツケースに入れて、そのままチェックなし、ということがほとんどだ。ちなみに検疫で持ち込み禁止品目だといわれた場合は、その場で没収されるか、もしくは現地に返送しなければいけない。

あとがき

最近の10代、20代はあまり海外旅行に行かないという話をよく耳にする。それよりも家でまったりのんびりを好むのだとか。そんな話を聞くたびに、私は「なんてもったいない！」と思ったりする。世界は、世界の市場は、こんなにもおもしろいのに。

「でも市場って、食べ物が売ってるんでしょ？　旅行中は買えないよね」

「肉がぶった切られていて、気持ち悪い」

市場に興味のない人からは、そんな声も聞く。そのたびに、私はいちいち反論したくなる。食べ物を見ていると、買えなくったってその国の食生活がわかる。だいたいそのぶった切られた肉を毎日食べてるのは誰なんだ！と。

思えば、世界の市場は私にいろんなことを教えてくれた。京野菜だと思っていたオクラが実はアフリカ原産で、現地では非常にポピュラーな野菜だということ。ハーブ類が充実しているのはやっぱりアジアや中東で、たとえば日本では捨てることの多いにんじんの葉っぱなども、立派にハーブとして売られていたりする。お土産物だってそう。いかにも伝統工芸品のような顔をしながら、ふと見ると「MADE IN CHINA」とプリントしてあったりして、中国の世界進出のめざましさを感じたりもする。……そんなことを考えながら市場を見ることは、ひいては世界を知ることにつながっている。

もちろん家でまったりのんびり、半径３ｍの幸せを追うのだって、間違いじゃない。けれど、縁あってこの地球に生まれ、せっかくあちこち行ける機会があるなら、世界にどんな人たちが暮らし、どんな生活をしているのかのぞいてみても損はない。世界を知ることで毎日の生活に還元できることは少なくないし、何より「知らないことを知ること」「見たこともないものを見ること」は単純に、とってもとっても楽しく、刺激に満ちている。

そんな私の暴走気味とも言える思いが詰まった、この『世界の市場』。まずはお手にとってくださった方、ありがとうございます。そしてこの本を世に出してくれた国書刊行会の編集者・赤澤剛氏、細やかな提案をしてくださったデザイナーの宮崎絵美子氏、私専属？のカメラマンであり、旅のパートナーであり、そして人生の最高のパートナーであるダンナこと吉田友和氏に、心からの感謝を。

２０１０年３月　松岡絵里

松岡絵里＝文章
text ERI MATSUOKA

1976年京都府生まれ。幼少の頃を台湾、フィリピンで過ごす。出版社勤務ののち、結婚を機に夫・吉田友和とともに607日にわたる世界一周新婚旅行に出る。その体験をベースに世界一周のノウハウをまとめた著書『してみたい！世界一周』（情報センター出版局）がベストセラーに。その後も旅熱は依然高く、現在までに世界約70ヶ国、日本全都道府県を訪れる。著作に『ニッポン聖地案内』（同）など。

吉田友和＝写真
photo TOMOKAZU YOSHIDA

1976年千葉県生まれ。サラリーマン生活の中での海外旅行体験をつづった『仕事が忙しいあなたのための週末海外！』（情報センター出版局）をはじめ、『週末バンコク！』（平凡社）など週末旅行に関する著書多数。世界各地での写真撮影も精力的に行う。最近とくにお気に入りの市場は、バンコクのテウェート市場。

〈写真提供〉North Tinto（P70／パディントン・マーケット）、WordRidden（P71／クイーン・ヴィクトリア・マーケット）、Anja Hester（P116／ジェンネの月曜市）、Eric Trioto（P117／ジンカの土曜市）

世界《せかい》の市場《いちば》

2010年3月22日 初版第1刷印刷
2010年3月25日 初版第1刷発行

著　者　松岡絵里

発行者　佐藤今朝夫

発行所　国書刊行会
〒174-0056 東京都板橋区志村1-13-15
TEL.03-5970-7421　FAX.03-5970-7427
http://www.kokusho.co.jp

装幀・本文デザイン　宮崎絵美子

印　刷　（株）シーフォース

製　本　（資）村上製本所

ISBN 978-4-336-05176-9
乱丁本・落丁本はお取り替え致します。